30 天
哲学入门课

30 日で学ぶ哲学手帳

〔日〕 小川仁志 著
赵艳华 译

中国科学技术出版社

·北 京·

Original Japanese title: 30 NICHI DE MANABU TETSUGAKU TECHOU

Copyright © Hitoshi Ogawa 2020

Original Japanese edition published by JMA Management Center Inc.

Simplified Chinese translation rights arranged with JMA Management Center Inc.

through The English Agency (Japan) Ltd. and Shanghai To-Asia Culture Co., Ltd.

北京市版权局著作权合同登记 图字：01-2021-4969

图书在版编目（CIP）数据

30 天哲学入门课 /（日）小川仁志著；赵艳华译. — 北京：中国
科学技术出版社，2022.3

ISBN 978-7-5046-9423-2

Ⅰ.①3… Ⅱ.①小…②赵… Ⅲ.①哲学—通俗读物
Ⅳ.① B-49

中国版本图书馆 CIP 数据核字（2022）第 020641 号

策划编辑	杜凡如	龙凤鸣
责任编辑	杜凡如	
版式设计	锋尚设计	
封面设计	马筱琨	
责任校对	焦 宁	
责任印制	李晓霖	

出 版	中国科学技术出版社
发 行	中国科学技术出版社有限公司发行部
地 址	北京市海淀区中关村南大街 16 号
邮 编	100081
发行电话	010-62173865
传 真	010-62173081
网 址	http://www.cspbooks.com.cn

开 本	880mm×1230mm 1/32
字 数	114 千字
印 张	6
版 次	2022 年 3 月第 1 版
印 次	2022 年 3 月第 1 次印刷
印 刷	北京盛通印刷股份有限公司
书 号	ISBN 978-7-5046-9423-2/B·80
定 价	49.00 元

哲学从未像今天这样备受关注。原因何在？本就僵化停滞不前的世界，现在又受到流行性传染病的袭击，人们变得无所适从。

人们迫切地需要从根本上重新审视自己的工作、人际关系，甚至是生活方式。哲学既是一门重新审视它们的学问，同时也是一种工具。正如您能在本书所看到的，用哲学的思维方式思考事物的本质并将其用于指导现实生活。

然而遗憾的是，直到今天人们仍对哲学有一种误解。人们认为只有阅读深奥难懂的哲学经典，并进行艰难的讨论才是运用哲学。其实，这仅仅是对哲学的研究，而不是真正的运用哲学。

运用哲学是指人们应用哲学知识，用自己的头脑来思考世界和自己的人生。然而，人们要做到这些并非易事。即使是学者，也要花费很多年的时间才能掌握哲学这门学问，更何况是运用哲学。更麻烦的是，日本并没有一个合适的地方，能够让初学者轻松地学习哲学知识并将其用于现实生活。

　　为了解决这两个问题，我构思并创作了本书，目的是使读者通过阅读本书，在30天之内就能学到哲学的基础知识，并进行简单的哲学思考。当然，您只用30天不可能了解哲学的全貌。但是，如果您只是想掌握哲学的大概情况，那本书完全能满足您的要求。要学习哲学的基础知识，您首先要读书。之后，您就可以自己独立思考，或者与其他人进行哲学层面的对话了。

　　希望本书能够帮助您打破僵局，走出困境。下面，让我们一起开启30天的哲学学习之旅吧！

哲学家　小川仁志

30 天哲学入门课

the learning diary of Philosophy in 30 days

学习笔记

在这里您可以写下自己的学习经历和笔记，记录下您已阅读、已注意到的内容，以及需要记住的内容，这会对您的学习有所助益。

天数	日期	笔记
1	/	
2	/	
3	/	
4	/	
5	/	
6	/	
7	/	
8	/	
9	/	
10	/	
11	/	
12	/	
13	/	

天数	日期	笔记
14	/	
15	/	
16	/	
17	/	
18	/	
19	/	
20	/	
21	/	
22	/	
23	/	
24	/	
25	/	
26	/	
27	/	
28	/	
29	/	
30	/	

哲学是什么样的学问?

概 要

思考并认识事物本质的学问

不限定对象、做全面思考的学问

您是怎样看待"哲学"的?在很多人眼里,哲学"似乎很难",而且"对生活毫无用处"。

其实,日本文化中的"哲学"一词源自英文"**philosophy**",指的是爱智慧、探索一般知识的非常积极的学问。所谓"一般知识",指的是不局限于某一领域的知识整体。哲学的目的是使人们思考所有的事物和现象,学习正确的知识。事实上,在哲学的起源地<u>古希腊</u>,哲学家相当于现代的"知识分子"。哲学综合了各种学科的知识和人们对各种学科知识的思考,包括政治学、物理学、天文学、生物学等。

 词语解释

philosophy

英文philosophy的词源是希腊语 philosophia(爱智慧)。在日语中,它除了表示哲学、哲学体系之外,还可以表示人生哲学、管理哲学。

古希腊

指从远古时代到被古罗马占领之前的希腊。由于其和亚述等城邦开展贸易活动,因此古希腊的经济和文化都很发达。

在各领域提出新的概念

毕达哥拉斯（Pythagoras）是古希腊著名的数学家，同时也是一名哲学家，他的"**毕达哥拉斯定理**"现在仍然为我们所使用。柏拉图是古希腊最伟大的哲学家之一，他的思考对象非常广泛，涉及道德、国家、法律、宇宙等多个领域，他创造出了各种新的价值，提出了各种新的概念。

在历史上，很多领域都曾经是哲学研究的对象，但是随着时代发展，有一些变成了独立的学科。例如，数学、物理学、社会学、政治学、法学等。这些领域的研究者们进一步深化该领域的专业知识，朝着专业化方向发展。因此，哲学可以说是所有学科的源头。

哲学思维方式

知道什么？
怎样看？
什么样的存在？
知道
世界
生物
人
宇宙

毕达哥拉斯

约公元前580至公元前570年之间—约公元前500年，著名哲学家。他在数学领域也颇有建树，认为"数是万物之源"。他发现三角形内角和是180度。

毕达哥拉斯定理

又称勾股定理，是一个基本的几何定理。它表示直角三角形的两条直角边的平方和等于斜边的平方（若两条直角边分别为 a 和 b，斜边为 c，则三边关系为 $a^2 + b^2 = c^2$）。

对"什么是哲学"的思考本身就属于哲学的研究范围

哲学是各门学科的源头。随着时间流逝，哲学的思考对象逐渐转向抽象事物。这些抽象事物包括观念、精神、时间、空间、人生等，它们是事物的真理，也是人们置身其中的这个世界的存在方式。

在现代，单一学科无法回答的根本原理或真理，都是哲学的研究范围。也就是说，哲学是人们思考事物蕴含的真理，并知晓其本质的学问。

事物一旦变得抽象，人们往往就会觉得与自己无关，因为自己很难理解。但是，正如标题所示，如果您有这样的疑惑——"哲学是什么"，那么这种疑惑本身就属于哲学的研究范围。哲学存在于我们的生活中。当我们在生活中遇到问题、需要做出决定时，如果我们接受过哲学思维方式的训练，那么它将会为我们提供极大的帮助，为我们打开新世界的大门。

哲学思维方式成就生活智慧

您肯定明白，哲学对我们的生活有所帮助。如同学习数学

 词语解释

观念
人们关于事物的思想和意识。在哲学中，其来源于柏拉图哲学理论中的希腊语"idea"。

原理
使事物和现象成立的根本原则。

公式和**公理**一样，学习伟大的哲学家们留下的思想，可以帮助我们更好地理解世界。通过解读过去的文献，我们可以了解他们的思考过程，学习他们的思考方法。

人们在掌握哲学思辨能力时，重要的是要学习哲学史。从古至今，后世的哲学家们都继承了早期哲学家的思想，并对这些思想有了新的思考，把它们推向不同的前进方向，在批判的同时发展了这些思想。

了解哲学的历史和思想脉络，有助于我们理解什么是思考，也能锻炼我们自上而下看待事物的能力。如果能够强化哲学思维，那我们就可以获得"生活智慧"，使人生变得更美好。

认识世界方式的变化

神话

世界上所有的事情都是神秘的

哲学

人们通过逻辑思考认识事物的原理

各个学科

通过思考、观察和实验，科学思想得以发展

真理

事物真正的道理。

公理

不证自明的法则。

第2天

"哲学"创立之前的哲学家

概　要

哲学诞生于古希腊，中国、印度
在同时期也涌现出很多思想家

摆脱神话束缚，探索万物之源

在哲学成为一门正式的学科之前，人们遇到的问题主要由神话和宗教来解答。当时的人们认为，包括地震、火山等自然现象在内，世界上所有的事物，都是由神灵安排和控制的。

但是一段时间之后，在古希腊，有人对此提出了异议。他们尝试理性地解释事物，而不再仅仅依靠神话和宗教。于是，哲学诞生了。最初的哲学家，同时也是自然学家的爱奥尼亚米利都的泰勒斯（Thales），以及米利都学派，都通过理性的思考来探索"万物之源（arkhē）"。

 词语解释

泰勒斯

约公元前624—约公元前547年，古希腊哲学家，是柏拉图推崇的古希腊七贤之一。他认为"万物的源头是水"，因为水具有独特的性质，其形态可以在气态、液态和固态之间转化。

米利都学派

活跃在爱琴海东海岸的米利都、针对万物起源进行思考的哲学家们的总称。

毕达哥拉斯将哲学发展为科学思想

古希腊时代的哲学家们围绕着"世界由什么构成"这一基本问题展开探索,为后世的科学思想的发展奠定了基础。

毕达哥拉斯是数学家,同时也是一位哲学家。他跟随泰勒斯学习,后来创立了一个宗教团体——毕达哥拉斯教。毕达哥拉斯主张"**数是万物之源**",并将数学与哲学结合起来。在追求世界本原的过程中,他提出了自己的数学宇宙论,为数学和天文学的发展做出了贡献,并影响了后世的科学思想。

哲学创立之前的时间轴

最初的哲学家泰勒斯诞生
(约公元前 624 年)

雅典开始了民主制(公元前 508 年)

公元前 7 世纪	公元前 6 世纪

毕达哥拉斯(约公元前 570 年)、
释迦牟尼(约公元前 565 年)、
孔子(约公元前 551 年)诞生

波斯战争
(公元前 499—公元前 449 年)

arkhē

在古希腊自然哲学中,表示世界原理、起源和根据的单词。

数是万物之源

毕达哥拉斯提出的世界本原论:自然现象受到某种定律支配,而且这些定律可以用数学公式表达。

"永恒不变"还是"万物流转"？

在古希腊，人们一直在寻求永恒不变的、事物共同的根源。巴门尼德（Parmenides）认为"存在者存在，不存在者不存在"，一切事物都是永恒不变的。人们之所以感觉到世界在变化，是因为他们是通过感官来思考问题，而我们应该用理性进行逻辑思考。

可见，最初把逻辑思考带入哲学的人正是巴门尼德。

但是，自然哲学家赫拉克利特（Heraclitos）却主张"万物流转"，认为事物的本质是变化。他认为世界是不断变化

哲学观点诞生前后，人们认识世界的方式

哲学诞生之前

人与自然融为一体，通过神话理解世界

哲学诞生之后

将自然视为第三方进行考察

 词语解释

巴门尼德

约公元前515—约公元前445年，古希腊哲学家，对"有"和"无"进行思考。他是出现于古希腊殖民城市爱利亚城邦的爱利亚学派的奠基人和领袖。

赫拉克利特

约公元前540—约公元前480年至公元前470年之间，古希腊哲学家，认为"火为万物之源"。他把支配万物的、绝对的东西称为"逻各斯"，认为正是逻各斯使万物发生变化。

的,且永远处于一种变化的状态。他的观点给人们带来了巨大的影响。

主张相对尺度的诡辩家

区别于以往的政治体制,公元前5世纪,古希腊雅典的民主政治发展到顶峰,公民可以通过发表言论来参与城邦事务。于是,很多想成为政治家的人,都急切地想要学习辩论技巧。

在这一背景之下,被人们称为"**诡辩家**"的知识分子广受欢迎。诡辩家的工作是向人们讲授辩论术和自然科学。但是,在交流中,他们更重视如何反驳对方,并经常采取诡辩的技巧来达到自己的目的。后来,苏格拉底抓住这一点来批判诡辩家,认为他们的知识和智慧中带有欺骗成分。

普罗塔哥拉(Protagoras)是一位著名的诡辩家,他拥有很高的声望和知名度。他与政治家也交好,被人们尊称为"无与伦比的普罗塔哥拉"。

他说出了"人是万物的尺度"这一名言,并主张每个人通过自己的价值观来判断事物。在这个意义上,他认为世界上不存在客观的事物,所有的事物都是主观的、相对的。这一观点

诡辩家
希腊语中意为"智者"。诡辩家们的批判使自然哲学衰退。

普罗塔哥拉
约公元前481—约公元前411年,是第一个自称为"诡辩家"的人,也是一位成功的辩论家。

被认为是"相对主义"（人们的认识和评价都是相对的，并不存在真理的绝对有效性）思想的起源。

政治动荡时代的诸子百家

在中国的春秋战国时代（公元前770年—公元前221年），多个国家陷入混战，强国兼并弱国，他们迫切地需要建立一种新的秩序。在这样的背景下，各种思想不断涌现，出现了孔子、老子等一批优秀的思想家，他们所代表的各种学派总称为诸子百家。不同于西方哲学，中国哲学具有以道德和政治思想为核心的特点。在诸子百家中，最有影响力的是儒家和道家，他们对中国哲学的发展产生了深远影响。

儒家的孔子和道家的老子

孔子的思想更强调维持封建秩序。孔子是儒家学派的创始人，后来的儒家思想体系以他的思想为基础而逐渐完善。孔子死后，他的弟子及再传弟子根据他及他的弟子的言行编成《论语》一书。孔子重视礼（形式、社会规范）和仁（精神、同情心），主张不仅要重视外在形式，还要追求内心的充实。

 词语解释

孔子
约公元前551—约公元前479年，春秋时代的思想家。孟子和荀子继承了孔子的儒家思想，他们分别提出了性善论和性恶论。《论语》记录了孔子及其弟子的言行和思想。

老子
生卒年不详，春秋时代的思想家。他身上有很多谜团，甚至有人质疑他是否真实存在过，但是《史记》中有关于老子的记载。

道家思想与儒家思想同样重要。道家思想认为人们要遵从超越人类智慧的宇宙的原理——"道",而不是人类自己制定的规范。道家学派创始人老子指出,出现乱世正是因为人们不重视道。

儒家思想重视"社会生活中的道德教诲",而道家思想则提倡与自然协调一致的"无为而治"的思想,推崇遵从自然的生活。

志在拯救民众于苦海的释迦牟尼

印度的宗教——佛教就是一种哲学,它们二者之间几乎没有界限。约公元前565年,佛教创始人**释迦牟尼**出生于古印度北部。后来,佛教超越了印度的疆界,从南亚传播到东亚,成为一种世界性的宗教。

诸子百家

公元前6世纪—公元前3世纪,活跃于中国春秋战国时代的各个学派的总称。其中广为流传的学派为儒家、道家、墨家、法家、农家、名家、阴阳家、纵横家、杂家、小说家等。

释迦牟尼

约公元前565—约公元前486年,乔答摩·悉达多。佛陀意为"觉悟的人",通常被用来指称圣人,在佛教中,佛陀是佛教徒对释迦牟尼的称呼,简称佛。

哲学创立时期的哲学家

概　要

> 苏格拉底、柏拉图和亚里士多德
> 三巨头的时代

通过对话展开辩论的苏格拉底

古希腊雅典是当时的政治、经济和文化中心，也是哲学之都。当时的诡辩家们否定普遍价值，重视个人相对主义。苏格拉底（Socrates）不同意他们的观点，他主张探求普遍真理。

他通常选择与人直接对话的方式来传达自己的思想。他在对话的过程中，发现并指出对方回答中的问题点和矛盾之处。他说："我知道我的无知（无知之知）。"其实，他之所以反驳对方，并非故意为难对方，是因为他认为"人知道正确的知识，才能选择正确的道路"。哲学的目的正是让人更好地生活。

 词语解释

苏格拉底

约公元前469—约公元前399年，古希腊哲学家。他的思想对后来的古代、近代哲学家产生了重要影响。

柏拉图

约公元前427—约公元前347年，古希腊哲学家。他是苏格拉底的学生，亚里士多德的老师。他创办了"阿加德米学园"，并成功将"哲学"发展为一门学科。

继承老师的思想，追求真理的柏拉图

苏格拉底的学生**柏拉图**（Plato）创作了**《对话篇》**，继承老师的思想，反对个人相对主义，进一步探求真理。

柏拉图认为，"正如诡辩家所说，'善'的形式因人而异。但是任何一个'善'都只是某个人的'善'，这正说明所有的'善'都有一个'原型'"。这个普遍的、独一无二的"本质"被柏拉图称为"理念"。理念属于天上的（客观上独立存在的）理念世界，而地上的东西（具体事物构成的现实世界）只不过是它的影子而已。正是因为知道理念，所以即使各自形式不同，人们也知道它是什么。柏拉图的思想被称为"**客观唯心主义**"，对以后的时代产生了重要影响。

哲学创立期的时间轴

苏格拉底诞生（约公元前469年）

亚里士多德创立吕克昂学园（公元前335年）

罗马共和国统一意大利（约公元前270年）

公元前5世纪　公元前4世纪　公元前3世纪　公元前2世纪

在伯罗奔尼撒战争中雅典战败（公元前431年—公元前404年）

亚历山大东征开始（公元前334年）

芝诺创立斯多亚学派（公元前3世纪初）

罗马共和国征服希腊（公元前146年）

《对话篇》
以对话体写成的著作。在柏拉图的这部著作中，他运用自己的哲学观点，用逻辑思维的形式，表现了老师苏格拉底的思想。

客观唯心主义
这一思想认为天上的理想世界（理念世界）才是真实的，主张人不应与现实妥协，要追求道德理想和社会理想。

继承并发展客观唯心主义的亚里士多德

柏拉图在雅典创立了**阿加德米学园**，并在此处指导青年人学习哲学。他其中的一个学生正是**亚里士多德**（Aristotle）。虽然亚里士多德师承柏拉图，但是他并没有全盘接受柏拉图的思想。他并不认为动植物等存在于眼前的事物是思想的模仿品，而是认为它们都是现实存在的，这一观点否定了柏拉图的理念说。亚里士多德在现实世界中追求本质，注重现实经验的积累，并且显露出很多辩证法思想，但他常动摇于唯物主义与唯心主义、辩证法与形而上学之间，最终还是陷入唯心主义与形而上学。

亚里士多德说，万物都是由"形式（eidos），即形相"和"质料（hyle），即素材"组成的。这种"通过个体观察对形式和质料进行分类"的思想逐渐发展成了生物学。

亚里士多德还因为倡导**形而上学**而被广为人知。他主张要对问题本身进行考察，这一观点为后世思想奠定了基础。不仅仅是哲学，他对后来的各种学科都产生了深远影响，他也被人们称为"百科全书式的学者""古代最伟大的哲学家"。

 词语解释

阿加德米学园

柏拉图创立的学校。由于他的老师苏格拉底被处死，柏拉图离开了雅典，到各地讲学，并创立学校。阿加德米学园致力于研究哲学，教育年青一代认识、学习哲学，该学园存在了900年。

亚里士多德

公元前384—公元前322年，古希腊哲学家。他提出了三段论法和"范畴"这一基础概念。

从古希腊黄金时代到古罗马哲学

苏格拉底对真理的追求影响了他的学生及再传学生，如柏拉图、亚里士多德的客观唯心主义，希腊哲学得到迅速的发展。三人的成就如此之巨大，以至于从那以后再没有出现能超越他们成就的哲学家。

雅典是希腊的文化之都，它随着马其顿王国**亚历山大大帝**（Alexander the Great）的远征而逐渐衰落，后来被吞并。马其顿王国统治了西起希腊，东到印度河流域，北抵中亚的广阔领土，将希腊文明传播到全世界。

公元前146年，希腊最终被由城邦国家发展而来的罗马所统治。但是，包括哲学在内的希腊文化并未中断，而是被罗马继承下来。

理念说和形式质料说

理念说

理念世界

汽车的理念

现实世界

模仿品

▶ 本质位于理念世界的理念中

本质·实在

形式质料说

质料 形式

汽车

本质

▶ 本质位于构成事物的形式中

形而上学

对世界本质的研究。即对自然的、经验的事物，以及抽象事物或概念的原因及本源进行研究的学问（即哲学）。

亚历山大大帝

公元前356—公元前323年，马其顿王国的国王。他在儿童时期曾跟随亚里士多德学习。他建立了一个扩展到中亚和印度西北部的广阔世界性帝国，为该地区的经济发展和文化融合做出了贡献。

主张快乐达到心灵安宁的伊壁鸠鲁学派

希腊先后被马其顿王国和罗马所征服，国家处于动荡之中。此时哲学的内容也发生了变化，产生了个人主义倾向。由于受到入侵，希腊土地荒废，民生凋敝，此时能够抚慰人们心灵的是植根于个人生活的哲学。

伊壁鸠鲁（Epicuros）是这一时期出现的哲学家，他提出了"epicurean"（快乐主义者）的观点，并在雅典郊外创立了学园，他的思想流派被称为"伊壁鸠鲁学派"。

伊壁鸠鲁主张的"快乐"理论并不是沉迷于肉体欲望，而是通过理论了解各种事物的成因，从而摆脱内心的不安与恐惧，达到心灵的安宁。为此，他强调理性的重要作用。

提倡与自然和谐相处的斯多亚学派

芝诺（Zeno）出生于塞浦路斯，在海难中漂流到了雅典，然后开始接触并学习哲学，后来创立了被人们称为"禁欲主义"的斯多亚学派。从希腊时期到罗马时期，他的思想逐渐成为哲学的主流思想。他认为地位和财产等人为创造出来的东

 词语解释

伊壁鸠鲁
约公元前341—公元前270年，来自萨莫斯岛的哲学家。他受到"万物的本原是原子"这一原子论的影响，主张应通过逻辑研究来破除迷信和不安。

芝诺
约公元前336—公元前264年，古希腊哲学家，创立了斯多亚学派。在学习了各种古代哲学之后，他提出了自己的见解。

西，并没有价值，人们应该与自然和谐相处。为了做到这一点，他主张节制欲望，理性生活。

斯多亚学派后期的代表人物是**塞涅卡**（Seneca）。他同时也是罗马帝国的政治家，生活在暴君尼禄（Nero，37—68年，罗马帝国第5位皇帝）的统治时期。在那个动荡的时代中，他创作了大量拥护斯多亚学派的作品。

西塞罗（Cicero）是折中主义的代表人物，他盛赞苏格拉底，说"苏格拉底把哲学从天上拉回到人间"。他是罗马帝国的政治家、辩论家、哲学家，学习过古希腊时期的哲学。西塞罗融合了各个学派的思想，并把它们翻译成拉丁语，促进了哲学体系在后世的流传，功劳甚大。

斯多亚学派与伊壁鸠鲁学派

▶主张应该节制人的欲望，通过禁欲生活追求幸福 ▶摆脱内心的不安和恐惧，追求幸福

塞涅卡

约公元前4—65年，罗马帝国初期斯多亚学派的哲学家。塞内卡从尼禄的童年时期就开始辅佐他，后因被怀疑参与谋反而被迫自杀。他有许多关于哲学和政治方面的著作。

西塞罗

约公元前106—公元前43年，罗马帝国最优秀的辩论家、政治家。他向当时的社会介绍了古希腊哲学中的逻辑理论，以及政治学方面的实践理论等。

中世纪的哲学家

概　要

古希腊哲学思想
和基督教教义的调和

基督教成为国家宗教，获得巨大权力

在罗马帝国，基督教曾因为拒绝**皇帝崇拜**而被当作异教，不断遭到迫害和打压。不过，随着信徒们的积极传教以及在面对瘟疫时发挥的积极作用，基督教逐渐被罗马市民所接受。后来外敌入侵，罗马帝国衰弱，罗马皇帝为了维护自己的统治，在392年将基督教设定为国教。

这一时期的哲学有一个最大的问题，就是"基督教教义与哲学思想相悖"。如果哲学与基督教教义相矛盾，那么哲学的地位便会受到威胁。因此，中世纪哲学家们致力于寻找一条能够调和哲学与基督教教义的道路。

 词语解释

皇帝崇拜

即把皇帝当作神来崇拜。在罗马帝国时期，为了维护和强化帝国统治，帝国强制人民崇拜皇帝，因此拒绝皇帝崇拜的基督教教徒受到迫害。

构建不违背基督教信仰的哲学

在古希腊，哲学与宗教是两种不同的学问。但是在中世纪，不仅是哲学，其他学问也被吸收到基督教神学中，而进行教育的则是教会及其神职人员。

中世纪初期，有人对上帝的存在提出了质疑："如果上帝是善的和全能的，为什么世间还有罪恶存在？"对这一问题，教父**奥古斯丁**（Augustinus）参考了柏拉图等哲学家的思想后，提出了自己的理论。他说"上帝只创造了善，而恶产生于善的缺乏"。在上帝的创造中，人通过**自由意志**应该是能够行善的，但是由于善的缺乏，导致人做了错误的选择。对上帝的信仰可以帮助人克服这一缺点，离善更近。他构建了一种理论，使哲学和信仰不再处于对立状态，同时也使人意识到上帝之爱，并让人以善为目标。这一理论后来广泛传播到整个欧

中世纪时间轴

罗马帝国分裂为东罗马帝国和西罗马帝国（395年）

西欧封建主、商人和基督教会对地中海东岸国家的侵略战争开始（1096年）

罗马帝国诞生（公元前27年）
耶稣基督受难（30年前后）
基督教获得罗马帝国承认（313年）
西罗马帝国灭亡，哲学的发展处于停滞时期（476年）

公元前1世纪 / 1世纪 / 4世纪 / 5世纪 / 11世纪 / 14世纪

奥古斯丁
354—430年，他是早期西方基督教教会中最伟大的教父。他完成了正统教义的构建，曾在非洲的希波（现为阿尔及利亚）担任主教，后死于疾病。

自由意志
自由选择。根据奥古斯丁的说法，恶产生于善的缺乏，人之所以作恶，是因为人的自由意志做出了错误选择。

洲，成为欧洲封建社会制度的思想基础。

亚里士多德的逻辑学被继承下来

波爱修斯（Boethius）是"古希腊罗马哲学最后一名哲学家，也是经院哲学第一位哲学家"。他拥有丰富的古希腊哲学修养，翻译、注释和编辑了亚里士多德等哲学家的著作。他的著作使亚里士多德的逻辑学成为传统逻辑学的基础，在古希腊哲学与中世纪哲学之间架起了桥梁。其代表性作品《哲学的慰藉》是一本哲学的入门书，拥有众多的读者，极大地影响了后世的思想和文学。

西罗马帝国覆灭（476年）后，西方哲学的发展进入停滞期。11世纪前后在教会、修道院附属学校和大学中诞生了**经院哲学**。经院哲学时期的最大主题是"共相与殊相"的问题。人们围绕着"共相与殊相是什么关系？""共相普遍存在吗？"等问题展开激烈的争论。这场争论被称为"唯实论（实在论）与唯名论之争"。当时的英格兰坎特伯雷大主教，同时也是经院哲学家的**安瑟伦**（Anselmus）提出了实在论的观点，主张"共相先于殊相而存在（普遍的概念先于个体事物而存在）"。13世纪，唯实论被托马斯·阿奎纳（Thomas Aquinas）所继承。

 词语解释

波爱修斯
约480—524年，罗马哲学家，也是一位学习亚里士多德哲学的基督教教徒。他是一位出色的政治家，但因被诬陷而被判处死刑，在等待处决时写出了《哲学的慰藉》一书。

经院哲学
将基督教思想与以亚里士多德为代表的古希腊哲学融合在一起的系统化的哲学总称。

伊斯兰教哲学家对古希腊哲学的吸收和发展

在中世纪的欧洲，哲学思想不得不遵从基督教教义，并且哲学的发展进入了一段停滞时期。而在11世纪初期的伊斯兰世界中，古希腊哲学得到发扬，并被丰富繁荣的伊斯兰文化继承、吸收，后又被带回欧洲。

伊斯兰教哲学家**伊本·西拿**（ibn-Sīna）从哲学上论证了真主安拉的存在，使伊斯兰教的哲学更加系统化。伊本·西拿研究形而上学，自称为"亚里士多德的后继者"，但否定了亚里士多德的"灵魂与肉体不是两个不同的事物，而是一个统一体"的观点，主张"灵魂与肉体是不同的"，从而建立起自己独特的存在

由唯实论与唯名论之争诞生的两个思想派别

唯实论与唯名论之争 指的是对于"共相普遍存在吗""共相与殊相是什么关系"等问题的争论。

安瑟伦

1033—1109年，经院哲学家，英格兰坎特伯雷大主教，被称为"经院哲学之父"。他将上帝的存在论和基督教的赎罪论用哲学理论表述出来。

伊本·西拿

980—1037年，中世纪伊斯兰教最伟大的知识分子和哲学家。他的"肉体死去，但灵魂不朽"的思想与正统伊斯兰教教义有所不同。

论。他认为"自我（灵魂）"可以脱离身体而存在。这一观点成为后来笛卡儿以"我思故我在"闻名的"二元论"的起点。

伊斯兰教教义与古希腊哲学的融合

另一位伊斯兰教的代表性哲学家是阿威罗伊（Averroes），他对亚里士多德作品的诠释比伊本·西拿更加彻底。

他尝试将伊斯兰教的教义与亚里士多德的哲学融合起来。他认为哲学可以帮助人们找到真理，但是他的主张并不为伊斯兰教教徒所接受。随着11世纪末开始的西欧封建主、商人和基督教会对地中海东岸国家发动的侵略战争，阿威罗伊的著作被翻译成拉丁语，又被带回欧洲，在欧洲社会引起了很大反响，并催生了"后伊本·西拿派"。

基督教在欧洲确立统治地位

在欧洲，基督教文化吸收了柏拉图哲学的精髓，成为社会的主流文化。但是，随着11世纪末开始的西欧封建主、商人和基督教会对地中海东岸国家发动的侵略战争，在伊斯兰文化圈被继承下来的古希腊哲学和亚里士多德的著作流入欧洲，引

 词语解释

阿威罗伊

1126—1198年，出生于西班牙的伊斯兰教哲学家。他为亚里士多德的全部著作做了大量注释，并将其翻译成阿拉伯文。他主张理性高于信仰。

发了"基督教与亚里士多德的哲学，哪个是正确的"争论。亚里士多德的哲学思想不依靠神秘事物，而是通过理性来解释世界。对于信仰基督教的欧洲知识分子来说，是非常有吸引力的，但这种理论在一定程度上也与他们信奉的教义背道而驰。

托马斯·阿奎纳接受了安瑟伦的唯实论。在"基督教与哲学"之争的问题上，他将"上帝"放在首位，并将哲学置于其下。他将能被理性理解的领域归为哲学，在其上是"理性无法理解的领域"，即神学。这一理论强调了基督教教义的优越性。神学学说经他重新地系统化，直到今天仍然是天主教会最基本的观点。

"上帝"与"哲学"的关系

神学 理性无法完全理解的部分

上帝

无法尽知

哲学 可以用理性来理解的事物

托马斯·阿奎纳

约1225—1274年，在基督教神学院研究经院哲学的哲学家。他通过运动论、作用因、必然性、等级性、目的论等五个方面的内容，从理论上证明"上帝是存在的"。

文艺复兴与理性时代的哲学家

概 要

出现科学思维——
哲学从神学发展到人学

脱离神学，追求世界真理

文艺复兴始于14世纪中期的意大利，后遍及整个欧洲。当理性思维得以复兴，科学思维进入哲学领域时，人们脱离了此前"上帝的教谕超越一切"的主流价值观，开始了对真理的人文主义探究。

一方面，在这一时期，宗教引起的战争和科技的发展使人们开始远离宗教，人的可能性以及"我"的存在开始引起人们的注意，由此对"人"的阐释成为当时人们思想关注的焦点。另一方面，"上帝"的存在仍然频繁出现在哲学领域中。哲学既探讨人的独立性，也没有否定上帝的存在，具有两面性的特点。

 词语解释

文艺复兴

14—16世纪在欧洲发生的思想文化运动。这一运动以希腊和罗马文化为标杆，试图在思想、文学、美术、建筑等领域催生新的文化。

人文主义

文艺复兴运动的基本精神，即人本主义和以人为本的思想。此种思想试图从人的理性，而不是上帝那里寻找真理。

融合理性思维的政治哲学

在文艺复兴时期，人们将重点转向追求人的自由的生活方式，因此部分人开始为达目的不择手段，社会中产生了一种重视理性主义和个人主义的倾向。

尼可罗·马基亚维利（Niccolò Machiavelli）将这一时代的精神纳入他的政治哲学中，他把政治与伦理学、神学分开，主张理性的政治思想。他的主要著作**《君主论》**主张君主为了夺取权力、维护统治，有时需要采取残忍的手段。他认为"被人畏惧比受人爱戴要安全得多""君主对人们应当加以爱抚，要不然就把他们消灭掉"，这些冷酷的话语展现出他强硬的手腕。但是这是一种非常现实的普遍性理论，直到今天仍然被部分人接受。

文艺复兴时期的时间轴

文艺复兴始于意大利佛罗伦萨 | 东罗马帝国灭亡（1453 年） | 宗教改革运动开始，产生出新教 | 英国资产阶级革命中，国王被推上断头台（1649 年）

| 14 世纪 | 15 世纪 | 16 世纪 | 17 世纪 | 18 世纪 |

欧洲国家大航海时代开始

美国独立宣言（1776 年）

工业革命始于英国

法国大革命建立共和制（1792 年），拿破仑政权建立（1799 年）

尼可罗·马基亚维利

1469—1527年，意大利文艺复兴时期的政治思想家。作为政治思想家，他支持"为达目的不择手段"的原则，对权力的看法冷静而透彻。

《君主论》

尼可罗·马基亚维利于1532年出版的著作，主张需要通过独裁政治来解决政治动荡。该书将政治独立于宗教和伦理之外，奠定了近代政治学的基础。

在经验的基础上深化哲学思考

随着科学的不断发展，以往的地心说观点得到了纠正，同时哲学方面也出现了新的思潮。**弗朗西斯·培根**（Francis Bacon）提出了"知识就是力量"的著名观点，他强调要通过经验或者实验等客观事实才能获得正确的知识，他成为后来以约翰·洛克（John Locke）和休谟为代表的"英国经验主义"的始祖。他认为，成见和偏见是"幻象"，阻碍人们获得正确的知识，人们应该超越和克服它们产生的影响。

托马斯·霍布斯（Thomas Hobbes）在英国经验主义的基础上，秉持一种"机械论"的立场，主张通过因果关系来解释自然界的现象。他认为，在自然状态下，人会为了自己的利益而战斗（即"每个人对每个人的战争"），人们需要相互缔结契约并遵守它，这是国家产生的基础。他的政治理论也拥护君主专制。

在数学定律中追求真理

17世纪涌现出众多在数学方面也有深厚造诣的哲学家，**笛卡儿**（Descartes）就是其中之一。他发现，运用数学规律获得的结论相对于其他结论具有普遍性和确定性，这种方法

 词语解释

弗朗西斯·培根
1561—1626年，英国哲学家。他主张采用归纳法这种逻辑思考的方法来探究真理，即对由经验获得的知识进行综合判断之后再提出命题。

托马斯·霍布斯
1588—1679年，英国哲学家和政治学家。他认为，将普遍性的人权移交给统治者并重新分配，将实现社会的安全与和平。他的主要作品是《利维坦》。

同样适用于哲学，可以用它来探求真理。这种方法就是怀疑一切的"普遍怀疑的方法"。在所有可质疑的事物当中，只有"我在怀疑"这一事实无法被质疑，由此他推导出了"我思故我在"这一第一哲学原理。这一观点将人的精神和肉体视为两个独立的实体，因此也被称为"二元论"。后来这种理性主义哲学被人们广泛接受，在欧洲发展成为"欧陆理性主义"。

以"帕斯卡定律"闻名于世的法国哲学家**帕斯卡**（Pascal），同时也是一位物理学家和数学家。在他的遗稿《思想录》里，有"人是一根会思考的芦苇"的名言。他认为，在自然面前，人是渺小的、脆弱的存在，但同时人又是高贵的，高贵到知道自己的渺小。科学和数学的确需要理性思考，但是对人来说，真正重要的是细腻的感性。

针对笛卡儿的二元论，荷兰的**斯宾诺莎**（Spinoza）提出了"泛神论"（属于一元论）的观点。在心物二元论中，精神

文艺复兴时期—近代西方哲学的时间轴

| 培根 ▶ | 英国经验主义 | ●托马斯·霍布斯 ●乔治·贝克莱 ●约翰·洛克　●休谟 | } 康德 | 叔本华 德国观念论 黑格尔 |
| 经院哲学 ▶ | 欧陆理性主义 | ●笛卡儿　●莱布尼茨 ●斯宾诺莎 | | |

笛卡儿
1596—1650年，法国哲学家，被称为"近代哲学之父"。他的二元论和机械论思想构建了近代哲学的理论框架。

帕斯卡
1623—1662年，法国数学家和宗教思想家。他透彻的人性分析理论和宗教思想给后世法国的文艺和思想以巨大影响。

斯宾诺莎
1632—1677年，荷兰哲学家。与笛卡儿、莱布尼茨一起，同为17世纪著名的形而上学学家。其受到笛卡儿哲学的影响较大。

和肉体都是各自独立的实体；而在泛神论中，精神和肉体相互影响，包括自然在内的世界万象都具有唯一实体，那就是上帝，上帝就是宇宙世界。尽管斯宾诺莎的思想不被基督教所认可，但是对后来的康德和尼采产生了巨大的影响。

欧陆理性主义的发展

此时在欧洲，理性主义哲学得到了发展。德国哲学家**莱布尼茨**（Leibniz）既是一位数学家，又是政治家、外交官。他的主要观点是正如"物质是由原子构成"的那样，认为世界由无限多的"单子"构成。单子不是一种物质，而是一种类似于构成物体的统一原理一样的东西。

他认为，神创造出一个至善的世界，单子通过神赋予的相互协调本性彼此发生作用，构成一个和谐的总体。这就是莱布尼茨的"前定和谐"理论，世界就是这样来保持一定的秩序。与笛卡儿的二元论、斯宾诺莎的泛神论相对，莱布尼茨的这种观点被称为"多元论"。

受到培根影响的英国经验主义

直至近代，人们仍然相信人天生就具备基本的知识。约翰·洛克

 词语解释

莱布尼茨

1646—1716年，德国哲学家和数学家。他在法律、历史、神学和语言学等各个领域都取得了卓越成就。他曾尝试将17世纪各门学科统一起来，使之成为一门系统科学。

约翰·洛克

1632—1704年，英国哲学家和政治思想家。其著作《人类理解论》成为近代认识论的基础。他的理论影响了美国独立革命和法国大革命。

对此提出了异议。他认为人心是一张没有内容的白纸，知识都是通过后天经验（认识、内省）而添加上去的。在他的著作《政府论》中，他将自由平等的市民社会理念称作"社会契约"，这一思想成为民主主义的源头，影响了法国人权宣言和美国独立宣言的制定。他将经验当作知识源头的观点继承了培根的思想，因此被称为"英国经验主义"，与"欧陆理性主义"形成了对比。

乔治·贝克莱（George Berkeley）也提倡经验论，他继承并进一步发展了约翰·洛克的学说。他主张"存在就是被感知"，所有的事物都是通过被感知才在知觉者的意识中存在。人无法认识物质本身，人们所认识的只不过是我们内心的观念（即因认识而产生的印象）。他还说，不为人所认识的物体之所以能够存在，是因为包括人在内的一切都在神的感知之内。

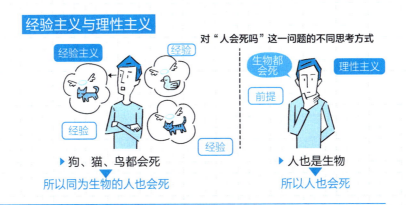

经验主义与理性主义

对"人会死吗"这一问题的不同思考方式

经验主义　经验　经验　经验
▶狗、猫、鸟都会死
所以同为生物的人也会死

生物都会死　前提　理性主义
▶人也是生物
所以人也会死

乔治·贝克莱

1685—1753年，爱尔兰哲学家，担任过教会主教。他和约翰·洛克、休谟同为英国经验主义哲学的代表人物。

第6天

近代的哲学家

概 要

[
欧陆理性主义和英国经验主义
两大流派同时发展
]

在法国，启蒙主义成为主流思想

　　18世纪是一个动荡的时代，资产阶级革命和工业革命席卷欧洲，封建社会和贵族社会逐步瓦解，近代市民社会诞生。在这一时代背景下，欧洲的每个国家都形成了自己独特的文化和哲学思想，并在相互影响中不断融合和发展。

　　法国出现了"启蒙运动"。启蒙运动以理性主义和批判精神向迷信和权威宣战，提倡发扬人性，建立新的社会秩序。伏尔泰（Voltaire）是这一思想的代表人物。他强调要相信人的理性，尊重自由，怀疑权威下的"自然神论"，并对教会进行了批判。他认为文明才能改善人性。

 词语解释

伏尔泰

1694—1778年，18世纪法国启蒙思想家、哲学家。他因在英国接触到与法国君主专制截然不同的自由空气，回国后撰写了批判政治与社会的著作。

让-雅克·卢梭

1712—1778年，法国思想家、作家、哲学家。他著有《社会契约论》和《论人类不平等的起源和基础》等。他的思想对法国大革命、民主主义、个人主义和近代教育思想都产生了巨大影响。

让–雅克·卢梭（Jean-Jacques Rousseau）与伏尔泰同为启蒙运动的代表人物。与伏尔泰不同的是，卢梭认为在文明社会人们追名逐利，这导致了人的堕落。他认为，没有公权的自然状态（"归于自然"）才是社会应有的状态，国家一定要以"普遍意志"追求公共利益，回到自然状态这一原点。他主张社会要建立在自由、平等、博爱等原则的基础上，这一思想成为后来法国大革命的口号。

英国诞生了怀疑论和自己的经济哲学

在英国，继培根、洛克、贝克莱之后，休谟（Hume）进一步发展了经验主义哲学思想。他否定实体观念和因果关系的客观性，提出了怀疑一切的"怀疑论"。他同时吸收了经验主义和理性主义的思想，使二者得到融合。

随着工业革命的进展，亚当·斯密（Adam Smith）撰写了《国富论》，否定国家对经济的控制和干预，主张发挥"看不见的手"（价格由供求关系自主决定这一市场原理）的作用。他认为劳动才能产生价值，随着劳动量的积累商品价格会得到提高，同时自由竞争能提高生产积极性，促进社会发展。斯密的自由主义经济思想是英国工业革命的理论支柱，促进了资本主义的发展。

休谟

1711—1776年，苏格兰哲学家。他认为，"所谓自我无非就是一种知觉经验"，是不固定且持续变化的流动集合体。

亚当·斯密

1723—1790年，苏格兰经济学家和思想家，被称为"古典经济学之父"。他首次从理论上阐明了社会财富的分配与生产这一现代经济学课题。

"幸福由什么来决定？"——英国功利主义

在英国，边沁（Bentham）提出并确立了功利主义（以结果来判断善恶的思想）的观点。他认为，"快乐"或者"痛苦"决定着人应该做什么，并且提出了快乐（幸福程度）的计算公式，即通过公式计算出来的数值结果越大，人们在社会中的幸福感越高。他说，在道德上，将幸福程度的总量最大化才是正确的，人们制定法律正是为了创造出那样的幸福社会。他的名言"最大多数人的最大幸福"已经广为人知。边沁的这一快乐的计算公式不受人的身份、地位所左右，对民主主义思想产生了重要影响，得到人们的支持。

约翰·斯图亚特·穆勒（John Stuart Mill）进一步发展了边沁

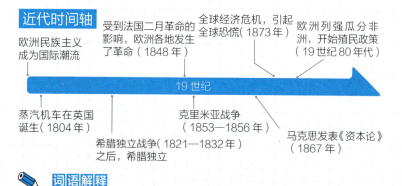

近代时间轴

受到法国二月革命的影响，欧洲各地发生了革命（1848年）

全球经济危机，引起全球恐慌（1873年）

欧洲列强瓜分非洲，开始殖民政策（19世纪80年代）

欧洲民族主义成为国际潮流

19 世纪

蒸汽机车在英国诞生（1804年）

希腊独立战争（1821—1832年）之后，希腊独立

克里米亚战争（1853—1856年）

马克思发表《资本论》（1867年）

✏ **词语解释**

边沁

1748—1832年，英国哲学家，法学家，经济学家。他认为，刑罚可以提升社会幸福度，所以是合理的。

约翰·斯图亚特·穆勒

1806—1873年，英国思想家和经济学家。他提出了"宁可做一个不满足的人，而不做一头满足的猪"（应该追求高质量的快乐）的观点。

的功利主义理论。他吸收了边沁的快乐主义思想成分，并在内容和行为方面对快乐进行了质的区分。他认为，人们不应只追求快乐的数量，而应该追求快乐的质量，快乐要符合道德要求，具有理性效果。人们要获得高质量的精神快乐，接受教育非常重要。

德国的康德综合了理性主义和经验主义

在德国，**康德**综合了欧陆理性主义和英国经验主义的思想，提出了德国观念论。康德的思想对怀疑论有所涉及，他认为知识从经验开始，但并非一切知识都产生自经验，它们其实都基于先天赋予心灵的内在的认知能力。这种认知能力区别于经验，是人与生俱来的、"人类共通的、对知识的理解方式"。从18世纪后半叶到19世纪，观念论成为德国哲学思想的主流，并对之后的哲学思想产生了影响。

黑格尔继承并完善了德国观

黑格尔辩证法

真理

返回

意见C — 综合意见A和意见B之后产生了更好的意见C

合命题

扬弃

意见A　意见B

正命题　反命题

康德

1724—1804年，德国哲学家，德国观念论的始祖。他的"一切都由认知来定义"的想法与既有观念完全相反，被称为哲学领域的"哥白尼革命"。

黑格尔

1770—1831年，德国哲学家，也是德国观念论的集大成者。他从对法国大革命的理性思考中，产生了自由主义思想。

念论思想。他提出了从事物的多个对立面中发现真理的"辩证法",这也是康德并未涉及的"到达普遍真理(理想)的方法"。这种方法将相互对立的正命题和反命题结合(扬弃)起来,从而产生更高等级的结论(合命题)。辩证法不仅被应用于思维运动中,同时也是解释事物发展变化不可或缺的原理。

德国观念论得到进一步发展

叔本华(Schopenhauer)是与黑格尔同时代的哲学家,他的哲学思想的核心是"生命意志"(生命冲动)理论。他认为,尽管社会在不断变化,但是因为人的求生意志不断处于冲突当中,所以生存斗争不会结束。只有在艺术中,人们才能暂时摆脱生存斗争,获得一瞬间的解脱。虽然人们在为生存而不断地战斗着,但是到最后仍将会死亡,痛苦仍然是不可避免的。他的这种独特的厌世主义(pessimism)思想,影响了尼采、弗洛伊德和托尔斯泰。

应时而生的社会主义概念

19世纪的欧洲,工业革命带来资本主义的迅速发展,工人与资本家之间的斗争频发,欧洲各地都出现了暴动。马克思

 词语解释

叔本华

1788—1860年,德国哲学家,也是厌世主义(悲观主义)哲学家。他认为人生充满了盲目的"意志",而且处于不断地冲突中。他对于这种人生感到绝望,并向艺术寻求救赎。

马克思

1818—1883年,德国经济学家和哲学家。他在与恩格斯合著的《共产党宣言》中号召:"全世界无产者,联合起来!"这句话后来成为共产主义的口号。

发展了黑格尔的观念论，在此基础上，他结合了法国大革命的政治思想和英国经济理论，提出了新的主张，要求实现社会主义，解放工人阶级。

他的理论是，在资本主义社会中，资本家（资产阶级）控制劳动者（无产阶级），财富并没有被分配到劳动者手中，社会贫富差距也没有缩小。

探求个体化真理的存在主义

在19世纪中叶的欧洲，与当时的哲学家追求"普遍真理"不同，克尔凯郭尔（Kierkegaard）提出了重视"我的人生"的存在主义思想。存在主义认为人的存在是一种"实存"（人们过着自己的生活，这种生活是别人无法取代的）。这种思想的最终目的不是为了寻找一种普遍性真理，而是为了探求个体的主体性真理。最终，克尔凯郭尔选择在对上帝的信仰中探求自我的存在。

尼采（Nietzsche）受到叔本华和克尔凯郭尔的影响，提出了一种独特的哲学理论。当时，科学的进步以及人们对现有道德观和基督教的批评极大地动摇了人们的价值观。因为人们放弃了对上帝的信仰，所以尼采认为社会需要有一种新的独特的价值观。他的名言"上帝已死"正是虚无主义思想的象征性总结。

克尔凯郭尔

1813—1855年，丹麦哲学家。他说出了"绝望是致死的疾病"的名言。此处的"绝望"不是感情，而是"对未来自我的迷失状态"。

尼采

1844—1900年，德国哲学家。他主张要创造自我，给人生以价值，并坚持存在主义。他与克尔凯郭尔同为存在主义哲学的先驱者。

20 世纪的哲学家

概 要

[诞生了分析哲学和后结构主义等
新的思想和理论]

探究意识内部的胡塞尔"现象学"

20世纪战争不断，人们的日常生活因此受到重创和影响。在这种混乱、动荡的时代，探索并创造出新的价值观和伦理观成为哲学的紧迫任务。

胡塞尔提出了"现象学"这一新的哲学理论。这种理论并不认可有效的客观性，而是把客观对象搁置起来（中止判断），只对纯粹意识内的存在进行判断。即某事物并不存在，人可能仅仅依据感觉就能判断它是存在的。例如，人们凭借"垃圾场有东西在嘎嘎叫"和"黑色物体在移动"这样的感觉，

 词语解释

胡塞尔

1859—1938年，出生于奥地利的德国哲学家。他建立了现象学这一逻辑严密的科学。但因为他具有犹太血统，所以遭到纳粹政权的迫害。

判断出那里可能有一只乌鸦在叫。"中止判断"是探求判断所依据的方法，这种方法同时也被应用于其他学科中。

从现象学到存在论，从存在论到存在主义

海德格尔跟随胡塞尔学习现象学理论，并用现象学的方法分析"存在"问题。他把人称为"此在"（在任何环境中，

20 世纪的时间轴

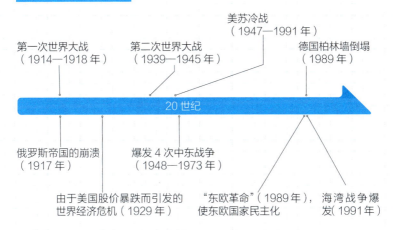

美苏冷战
（1947—1991 年）

第一次世界大战
（1914—1918 年）

第二次世界大战
（1939—1945 年）

德国柏林墙倒塌
（1989 年）

20 世纪

俄罗斯帝国的崩溃
（1917 年）

爆发 4 次中东战争
（1948—1973 年）

由于美国股价暴跌而引发的
世界经济危机（1929 年）

"东欧革命"（1989 年），
使东欧国家民主化

海湾战争爆
发（1991 年）

海德格尔

1889—1976 年，德国哲学家。据说他22岁时曾经有过心脏病发作的经历，这种濒死经验促使他开始探究存在问题。

无论过去、现在还是未来，都可以理解存在概念的存在者。除了人之外的其他动物无法做到这一点），并认为，只有此在理解了存在的时候，事物才是存在着的。人使事物存在于世，它们的整体称为"世界"，人也在世界中存在。海德格尔的思想对后来的存在主义哲学和后结构主义都产生了重大的影响。

萨特（Sartre）继承了海德格尔的存在论思想，并将克尔凯郭尔提出的存在主义思想传播到全世界。他认为，诸如笔和笔记本等"东西"，它们在出现之时已经被人预先设定了功能，这是它们的存在理由，但是它们却并没有自由。与此相对，人可以自由地创造出存在理由，但是这种自由同时也伴随着责任。他主张，人要自己寻找人生的本质，即使要承担责任，即使感到不安，也必须开拓自己的人生。

对逻辑学进行改革的罗素和维特根斯坦

罗素（Russell）被认为是自古希腊哲学家亚里士多德以来最伟大的逻辑学家之一。因为他完善了亚里士多德的逻

 词语解释

萨特
1905—1980年，法国哲学家、作家。他的小说《恶心》风靡全球，并因此获得了诺贝尔文学奖，但萨特拒绝接受这一奖项。他参加了和平运动，并鼓励人们要积极参与到社会中。

罗素
1872—1970年，英国哲学家、数学家。他主张废除核武器，批判战争并参加反战运动。他在逻辑哲学领域取得了巨大的成就，提出了"罗素悖论"等思想。

辑学（三段论等），并将逻辑学的原理应用在数学分析和语言学中。他的语言分析理论为新的分析哲学的成立奠定了基础。

罗素的学生**维特根斯坦**（Wittgenstein）进一步发展了逻辑学和分析哲学。他区分了能用语言表达的东西和不能用语言表达的东西，通过这种方式尝试将形而上学领域的神和美等真伪不明的事物从哲学中剔除出来。他认为，例如，在对"美（无法用语言表达的东西）是什么（可以用语言表达的东西）"这种传统的哲学问题进行语言分解之后会发现，其中包括的语言种类各不相同，人们往往误用了它们的使用规范，因此这类问题本身是没有意义的。他还说，语言是有界限的，"对于不可言说之物，我们必须保持沉默"。

继承了经验论的实用主义思想

美国哲学家**杜威**继承了英国经验主义"不能从无法经历的事情中找到真理"的思想，他是一位实用主义（从经验结果来判断事物真理）思想家。

维特根斯坦
1889—1951年，奥地利哲学家。他认为哲学就是错误地使用语言的结果。他著有《逻辑哲学论》等。

杜威
1859—1952年，美国哲学家、教育家、心理学家。"问题解决学习"正来源于杜威的学习理论。

他的思想被称为"工具主义"：认为人类思维（知识）是解决问题的工具，而知识本身没有任何价值。在现代教育领域中，他主张学习时应通过思考和推论得出结论。

时代分析理论的诞生

阿伦特（Arendt）分析并批判了大众社会，她认为这是20世纪纳粹极权主义产生的重要原因。资本主义的发展提高了社会的流动性，而被社会集团中孤立的人成了大众，他们容易为标榜"民族团结"的极权主义所蛊惑和煽动。她将人们在世界中采取主动性的方式分为"劳动、工作、行动"3种，"行动"指的是人们的各种探究活动，也包括了对政治的参与，这意味着政治生活的展开。而大众在行动中往往充当旁观者的角色。她的理论从人性这一基本角度对20世纪的社会问题进行了批判。

实现社会正义所必需的社会体制是什么？

20世纪60—70年代，美国兴起了民权运动和反对越南战

 词语解释

阿伦特

1906—1975年，德国政治思想家。她分析了集体高于个人的法西斯极权主义诞生的机制。

争的反战运动。在这一背景下，**罗尔斯**（Rawls）发表了《正义论》一书。这是一部内容丰富的宏伟巨著，罗尔斯在书中提出了"作为公平的正义"理论，并说明了两个正义原则如何能够得以实行。自出版以来，这本书被翻译成多国语言，在世界范围引起了巨大反响。但在这本书中并没有对当时社会的体制加以批判，而是论述了在什么样的社会体制下能够实现"正义"。

德国的**哈贝马斯**（Habermas）反对阿伦特和罗尔斯的观点，他认为在尊重对方的基础上，采取对话的形式，可以更民主地沟通与交流。这一理论与阿伦特的理论共同构成了现代公共哲学的基础。

后结构主义的旗手们各自发展了自己的理论

20世纪60年代后半期到70年代后半期，法国后结构主义哲学家的代表人物主要是**福柯**（Foucault）、**德勒兹**（Deleuze）和**德里达**（Derrida）。后结构主义是一种思想运动，它批判地继承了"结构主义"（通过分析社会文化结构来理解社会现象

罗尔斯

1921—2002年，美国政治哲学家。他认为在社会的基本结构中，最高原则为自由原则，其次为机会均等的公平原则，最后为差别原则。

哈贝马斯

1929年至今，德国社会哲学家和政治哲学家。他以公共领域理论和交往行为理论而著称。2004年他获得了"京都奖"，并在同年到访日本。

的思想运动）思想，并从现代角度对结构主义进行了重新审视和解读。

福柯认为，现代社会中有各种不同的规则，人们总是在无意识中受到它们的限制。他说近代以前的权力是"死亡权力"（违背了命令便将人处死的外部力量），而近代的权力则是"生命权力"（积极介入人的生活，并在无意识中从内部限制人的力量）。

德里达对"西方与东方""男性的与女性的"等"二元对立"式思维提出质疑，并尝试从价值观对其进行"解构"（从其前提开始颠覆和拆解该理论）。他认为，由于听话人和说话人之间产生语言的延异（译者注：德里达在解构主义理论中自创的术语，表示语言的意义不断延缓的状态），因此人们永远无法到达真理。

德勒兹在否定西方哲学根本原则的同时，积极探讨自由的可能性。他批判了建立在秩序基础上的西方的形而上学的理论，主张要重视无秩序的多样性，提出了尊重各自差异的"块茎"思想。

 词语解释

福柯

1926—1984年，法国哲学家。他阅读了大量资料，从历史角度解读精神疾病、性与权力等问题。

德勒兹

1925—1995年，法国哲学家。他批评了系统化的传统哲学和现代性，并提出了一个更具交叉性和流动性的"块茎"概念和"游牧"思想。

现代哲学的变迁

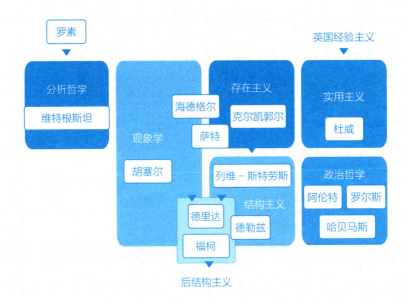

德里达

1930—2004年，法国哲学家。由于他小时候受到过种族歧视，因此厌恶对于群体的趋同性。他的思想理论受到胡塞尔和海德格尔现象学的影响。

现代社会的哲学家

概　要

价值观更加多样化，
思想进一步细分

重视群体自由的社群主义

从20世纪中叶开始，用普遍性思想来说明世界整体的"**大哲学**"逐渐消失，哲学进入了后现代状态，各种不同的思想轮番登场。之后，哲学立场进一步细化和专业化。

在政治哲学领域出现了自由意志主义（自由至上主义），这种思想主张追求个人的幸福和自由，而不是功利主义所提倡的追求社会的整体幸福。经济领域出现了市场原教旨主义，这种观点认为市场可以自动恢复平衡，而无须政府的干预。自由主义思想则与此相反，它重视社会的公平公正，要求对市场财

 词语解释

大哲学
一位哲学家用一种思想来说明宇宙万物的思想。

迈克尔·桑德尔
1953年至今，美国政治哲学家。他著有《自由主义与正义的局限》等。他是社群主义的代表人物，认为个人及其自我最终是由其所在的社群决定的。

富进行重新分配。这一思想出现后受到社会的广泛关注。

迈克尔·桑德尔（Michael Sandel）等人批判了自由主义思想的抽象性，提出了社群主义观点，要求重视群体（家庭、国家等）的传统道德和规范，主张既要尊重群体自由，也要尊重个人自由。

大众与全球"帝国"的对抗

意大利政治哲学家**安东尼奥·内格里**（Antonio Negri）认

现代时间轴

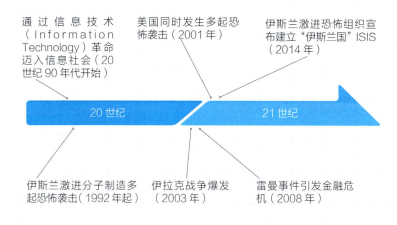

通过信息技术（Information Technology）革命迈入信息社会（20世纪90年代开始）

美国同时发生多起恐怖袭击（2001年）

伊斯兰激进恐怖组织宣布建立"伊斯兰国"ISIS（2014年）

20世纪

21世纪

伊斯兰激进分子制造多起恐怖袭击（1992年起）

伊拉克战争爆发（2003年）

雷曼事件引发金融危机（2008年）

安东尼奥·内格里

1933年至今，意大利政治哲学家、政治活动家。他在对马克思和斯宾诺莎的研究方面造诣深厚。他于1979年被控入狱，1983年到法国避难，2003年重获自由。

为，在现代，全球资本主义网络是一种强大的权力，并将其称之为"帝国"。"帝国"不是指某一个国家，而是一种集合了国家、大企业、制度在内的世界规模的形态。"帝国"拥有权力，并在世界各地制造出差距和贫困。针对"帝国"，内格里提出了与之对抗的概念——<mark>大众</mark>（各种民众），并提倡全球化的民主主义。

<mark>彼得·辛格</mark>（Peter Singer）提出了偏好功利主义的观点，进一步发展了将社会幸福放到第一位的功利主义思想。他认为，将关系者整体的偏好（个人嗜好）放在第一位来考虑才能获得幸福。站在这一立场上，彼得·辛格支持人工流产和新生儿安乐死，批判歧视动物的行为。他提出了"物种歧视"一词，用来阐明人类支配非人类动物的观点。他的过激言论引起了人们的关注。

思辨实在论与新实在论

<mark>昆汀·美亚索</mark>（Quentin Meillassoux）批判了以康德哲学为基础的"相关主义"（人类中心主义）思想。他认为现象学、

 词语解释

大众

安东尼奥·内格里等人提出的政治概念。是一种相互联系，实现全球化民主主义的主体性存在。原意为大量民众。

彼得·辛格

1946年至今，澳大利亚哲学家。他属于功利主义中的偏好功利主义一派，主张应该最大限度地尊重相关者整体的偏好。

分析哲学、后现代哲学都是相关主义思想。如果发生了意想不到的事情，世界可能变得与现在完全不同。人们被各种状况所左右，无法从主观上考察这个世界，所以要将主导权让位给事

什么是新实在论？

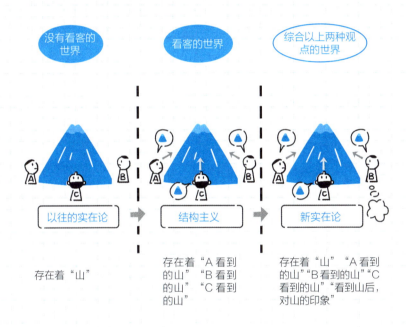

没有看客的世界

看客的世界

综合以上两种观点的世界

以往的实在论　→　结构主义　→　新实在论

存在着"山"

存在着"A 看到的山""B 看到的山""C 看到的山"

存在着"山""A 看到的山""B 看到的山""C 看到的山""看到山后，对山的印象"

昆汀·美亚索

1967年至今，法国哲学家，思辨实在论的代表人物。他在《有限之后》中提出，康德以后的主流哲学被相关论所支配。

物。于是，将重点置于事物实在性方面便成为思辨实在论的特征之一。

实在论也在不断地发展中，德国哲学家**马库斯·加布里尔**（Markus Gabriel）提出了新实在论的观点。新实在论认为，假如我们正在看一座山，此时我见到的山、你见到的山、别人从别处见到的山、山本身，甚至我想象中的山，这些"山"都是实在的。这样一来，"意义场"无限增大，就不存在可以包括所有事物的"世界"了。

哲学与科学上的难题

加布里尔还批判了自然主义思想（该思想认为世界可以用存在于自然中的法则来解释），**大卫·查默斯**（David John Chalmers）批判了自然主义世界观（该思想认为内心的微妙感受也受到大脑的机械控制）。

查默斯还进一步扩展了"感受质"的概念（参考本书第166页）。这是一个很令人费解的概念，指的是每个人对于颜色、声音、味道、气味的感受。这种感受能否通过科学来证明

 词语解释

马库斯·加布里尔

1980年至今，德国哲学家。他因提出后现代之后的"新实在论"而受到关注。其专著《为什么世界不存在》成为全球性的畅销书。

大卫·查默斯

1966年至今，澳大利亚哲学家，心灵哲学的代表人物之一。他认为感受质问题是一个很难解释和回答的问题。

还是未知数。

对于感受性，认可还是批判？

托马斯·内格尔（Thomas Nagel）的观点与查默斯相近。在他的著作《成为一只蝙蝠会是什么样》中，他以蝙蝠为例，阐明了为什么感受质是主观的，即内心主观经验无法还原为大脑的机械活动。

对查默斯和内格尔的观点持批判态度的是美国哲学家**丹尼尔·丹尼特**（Daniel Dennett）。他批评说，感受质是哲学家幼稚的梦，心灵完全是大脑的活动（物理性反应）。他著有《直觉泵和其他思考工具》一书，在书中，他具体论述了"直觉泵"（作为思维工具的思想实验）这一思考方法。

新技术的奇迹会变成现实吗？

丹尼特还论述了AI（Artificial Intelligence的简写形式，即人工智能）问题，他认为强人工智能（拥有自我意识，接近人类知觉）是可能出现的。出生于瑞典的哲学家**尼克·博斯**

托马斯·内格尔

1937年至今，美国哲学家，美国科学院院士。他的专业领域包括政治哲学、伦理学、心灵哲学和认识论。

丹尼尔·丹尼特

1942年至今，美国哲学家。他是认知科学第一人。在心灵哲学中，他站在物理主义立场，通过心理实验批判了感受质概念。

特罗姆（Nick Bostrom）认为AI可能超越人类智慧，成为一种奇迹。在他的著作中，超越人类的机器——"超级智能"将会出现，并且他把将来人类与AI的关系比喻成"大猩猩与人类的关系"。正如我们人类对大猩猩的数量、饮食、生育等所有事情进行管理一样，将来超级智能也将管理我们人类的生活。人类这一物种的命运，也将受超级智能这一最新技术的影响。

法国哲学家贝尔纳·斯蒂格勒（Bernard Stiegler）从根本上考察了包括数字技术在内的技术与哲学的关系问题，并对其展开逻辑研究。斯蒂格勒在其著作《技术与时间》中强调，"技术"使人成为真正的人，要理解人，就需要从考察技术入手。他说技术是一门重要的课题，却历来不受哲学家的重视。除此之外，他还认为视频和音乐等多媒体内容正在榨取人的意识时间（译者注：网络技术下，视频和音乐等突破了时间和空间的限制，全球各地的观众都可以直接看到同一个时间客体，其中的他者时间渗透并取代了我们的时间）。

 词语解释

尼克·博斯特罗姆

1973年至今，瑞典出生的哲学家，英国牛津大学"人类未来研究所"所长。其2014年出版的《超级智能》一书，成为全球最畅销图书之一。

贝尔纳·斯蒂格勒

1952—2020年，法国哲学家。他从事国家多媒体政策研究工作，从根本上考察了技术与人、技术与哲学的关系。

对于没有答案的问题，仍保持追问的姿态

由于思想和学术的发展，以及周围环境和技术的变化，哲学的体系和思考的对象也在不断变化中。

在这个崭新事物层出不穷、价值观多样化的时代，置身其中的人往往不知道应该如何看待自己和周围的事物，也不知道自己应该如何生活。正因如此，哲学这门提供思考依据的学问，将变得越来越重要。

怪咖哲学家们的
奇闻异事

哲学家们无时无刻不在思考人生和真理，因此偶尔会做出一些让普通人感到惊讶的事情。下面我为大家介绍两个哲学家的故事。

古希腊哲学家阿基米德的死因相当离奇。当他居住的岛屿被罗马军队占领，敌兵准备生擒他时，他看到敌兵踩到了他在沙滩上画的图案，便急切地大喊道："别踩我的图案！"于是，愤怒的敌兵把他杀死了。普通人大概不会反抗那些拿着武器的敌兵，但对于阿基米德来说，比起保护自己的生命，他更不能容忍别人打断他的思考。

此外，哲学家中性格最为古怪的当属古希腊的第欧根

尼。他强调禁欲主义的自我满足，主张过自由的生活，并无须为此感到羞耻。他以实际行动倡导并实践这样的生活，因此言行非常狂放不羁。他是一个没有居所的哲学家，据说他住在木桶里，在大街上吃饭，甚至在大街上发生性行为，过着"狗一般的生活"，因此被人们称为"桶里的第欧根尼"和"狗一样的第欧根尼"。尽管如此，他仍然受到了市民的爱戴。

有一次亚历山大大帝问他："你想要什么？我可以帮助你。"第欧根尼答道："（我正在午睡，而你挡着我晒太阳了，）请让开些。"作为哲学家，他的思想和实践不受任何人束缚，这一点可以说是哲学家们的好榜样。

感觉生无可恋

概 要

［摒弃陈旧观念，以全新的
心态克服偏见和同辈压力］

您是否被常识所困而毫无知觉？

人有时会感到"活不下去了……"或者"没有自信，满脑子都是痛苦的回忆"，这是为什么呢？这可能是因为在不知不觉间，他被看不见的人际关系、价值观和常识所束缚。

人的价值观和常识是由身边的环境所塑造的。给人造成影响最大的，是他长期生活和学习的学校、职场和家庭，人在那里会形成自己的人际关系。当我们身处某个环境时，可能对某些价值观和常识习以为常，但它们一定是正确且一成不变的吗？

 词语解释

价值观

认为价值在于何处的思考方法，是价值判断的标准。它可能是人们从所属地区或社区中继承的，也可能是人们从学科或书籍中吸收的。

性少数派

性少数者。据说此类人占总人口的3%～5%。

知识型是厌世的根源

　　法国哲学家福柯批评现代社会是一个由多数派建立，而少数派群体（如**性少数派**）受到孤立和排斥的社会。他自己作为性少数派，由于社会的偏见而倍感痛苦。于是，他尝试从生活经历中找寻厌世的根源。他认为其根源在于一种被称为"**知识型**"（认知范式）的东西，是一种时代意识、认识和常识。知识型不是普遍的、绝对的，而只是"在那个时代呈现出来的状态"。常识会随着时代和环境的变化而变化。在许多情况下，你只需换一下环境，即可摆脱当地的常识，就能使你感到自由。所以说，如果有什么事情或常识使你感到困扰，请冷静思考一下它是不是普遍的和绝对的，是否可以改变。

现代社会中广为人知的"监狱体系"

　　福柯在思考社会问题时，还使用了名为"**圆形监狱**"（Panopticon）的方法。这是一种存在于监狱中的监视系统，在这个监狱中，牢房被设计成一个个按圆形排列的独立牢房，在圆形牢房中间的是看守塔，看守塔里面的人负责监管囚犯。独立牢房中的囚犯并不确定自己是否被监视，但只要想到

知识型
福柯倡导的哲学概念。它能影响一个时代的社会价值观、认知和常识。

圆形监狱
一种全域监视设施。由边沁提出，并因福柯的《规训与惩罚：监狱的诞生》一书而广为人知。

自己被人监视着，他们就会变得循规蹈矩。这说明，权力迫使他们自发地进行自我监视。

许多人可能会认为"监狱和实际社会是不同的"，但是这种机制也适用于日常社会中注重"纪律"的场所，例如，学校和医院。按照福柯的观点，压制人类的权力，并非仅由部分人把控着。正如前面提到的"被认为正确的大多数人的价值观"在某种程度上也获得了压制他人的权力。生活在社会中的人们，既可能成为权力的拥有者，也可能成为被监视人。

我们之所以感到压抑、与社会脱轨，可能是因为有一种无

被权力所监视的"圆形监狱"

▶ 开始自我监视

 词语解释

同辈压力

在日本通常指多数派向少数派施加心理压力，要求其与多数派保持相同的意见和行动。或称这种心理压力。

形的权力，在我们内心监视着自己。因此，我们首先要注意到这个问题，然后试着去改变，这样我们就可以减少压力，让自己活得更轻松。

不屈服于同辈压力，发现本质并改变现状

如果你在意别人的目光，你就会感到同辈压力。同辈压力是指群体内部由多数派汇集的意见和态度，给少数派造成的压力。日本是一个同辈压力非常大的社会。如果你不与周围的环境保持同步，就会被贴上"没眼力见儿"或"自私"的标签而被群体孤立。多数派认为"为了群体和整体的利益，自己要与他人协调一致"，少数派即便发现很难在这种环境中生活，也无法逃脱这一价值观的束缚。

德国哲学家胡塞尔强调，重要的是在观察事物时放弃所有的固有观念，你要追究所意识到的究竟是什么，使用"本质直观"的方法发现事物的本质。简而言之，如果你摒弃一直以来所秉持的价值观，从零开始考虑所有事情，你就会发现更重要的东西。

"只能这样，别无他法"这种刻板的想法，不会给你带来任何突破。你何不尝试着怀疑自己的价值观，质疑常识，改变

固有观念
也称为固定观念，是一种导致思想僵化的思维方式。多用于负面表述。

本质直观
胡塞尔在解释现象学时提出的一种思考理论。即通过直觉感知事物的本质，且这种本质可以与他人共享。

自己的立场和角度，说不定这样会有新的发现呢！

阅读洞察人生的名言警句，学习客观审视生活

在思想家中有一群人被人们称为道德主义者。他们观察人类行为，探索人类精神，并撰写充满道德训诫的简短文章。这些训诫往往被人们视作名言警句，也经常被作家们引用。

道德主义者的始祖蒙田（Montaigne）凭借着惊人的洞察力，留下了许多隽永含蓄的名言。除此之外，他还活跃于政治舞台，曾经在宗教战争中促成了天主教徒与新教徒的和解。他在《随笔集》中这样写道："命运对于我们并无所谓利害，它只提供给我们利害的原料和种子。"

尊重不同立场，避免针锋相对

没有谁能让你幸福或者不幸，只有你的心能决定这一切。对于同一件事，不同的人站在不同的立场，以不同的观点来看，有的人会感到幸福，而有的人会感到不幸。

人们应该明白，命运或者现实中并没有幸福或者痛苦的区分。即使你因为自己的观点被他人否定而感到沮丧，这也只是

 词语解释

道德主义者
16—18世纪活跃于法语世界，探索人类应该如何生活的思想家们。在现代，它有时用来指代探索人文精神的作家。

蒙田
1533—1592年，法国思想家。他深入研究自我，并认为判断力是一种非常重要的人文精神，并开创了"随笔"这一新的文学形式。

你的心理使然。如果你能从另一个角度来看问题，调整一下自己的心情，你就会发现自己的内心平静，并对生活充满希望。

此外，蒙田曾经在宗教战争中调节了天主教徒和新教徒之间的矛盾。通过这一亲身经历，他深切体会到，人不能掉进独断的陷阱，即便对方站在不同的立场上，也要尊重他们。如果你对于意见、分歧倍感头痛，那么你就应该学着尊重来自不同立场的意见。这样做的话，双方可能就不会针锋相对，而是努力寻找共识，最后达成双方都能接受的意见。

幸福与否取决于你自己！

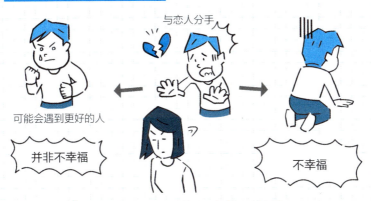

▶ 改变想法，可以让你更积极地面对困境

宗教战争

16—17世纪，在欧洲因天主教教徒与新教教徒之间的对立而爆发的战争。例如，胡格诺战争、三十年战争等。

《随笔集》

蒙田根据自身的经历和引用柏拉图和亚里士多德等人的经典作品和名言编写而成。

讨厌迎合他人

概　要

不要对自己的不合群视而不见，
要思考后采取适当的行动

无须勉强自己迎合别人

在日本，人们普遍认为，在集体生活中维持一种良好的氛围并不是一件坏事。人们在学校和工作中需要有一定的**配合性**，这样可以有效地为他人和自己营造一个舒适的环境。

那么，为什么有人讨厌"自己一味地迎合别人呢"？或许他们意识到了，自己之所以迎合别人，是因为自己想被大家当作一个"好人"。这种感受让人觉得很**别扭**，所以才会讨厌自己，并急切地想按照自己的想法去生活。

 词语解释

配合性
不会与来自不同职位、兴趣和环境的人发生冲突，能与他人互相谦让、共同合作的能力和性格。它的缺点是没有主见，优点是能够照顾到他人的情绪。

别扭
感到尴尬、烦恼、躁动、局促等。

互相承认彼此非常重要

　　每个人或多或少的都希望自己能得到大家的认可。德国哲学家黑格尔认为，人们要不断自问：自己的想法是否得到了别人的认可，这一点很重要。如果人们的想法得到了认可，就说明他的想法是有价值的。为了证明自己是有价值的，人们之间的"**相互承认**"就变得不可或缺。

　　但这并不意味着你要接受对方的一切，并去迎合对方，而只是说明，互相认可是重要的。每个人都想要自由，我们要在理解这一点的基础上，去处理人际关系。

"想被所有人认可"是不切实际的幻想

朋友

弄明白自己想被"谁"以哪种"形式"认可

工作

恋人

社交网站

什么才是真正的我?

相互承认

19世纪德国哲学家黑格尔的思想理论之一。他认为自我价值只有在与他人的相互承认中才能实现。

黑格尔认为，如果别人的想法与我们的不同，价值观迥异，我们则不必勉强去迎合他们。但不能排斥他们，而是要承认其存在。这就是相互承认，如果我们尊重对方的存在，对方也会认可我们的存在，这样我们就会得到自由。

过于自由，就会想要去迎合他人

如果没有坚定的"自我"，人就会丧失信心，就会在意别人的想法并试着去迎合他们。

例如，在极权主义社会中，社会（国家、集体等）优先于个人。在这样的社会中，你只要不背离该系统，你就是安全的。与此相对，在现代社会中，价值观是多元化的，每个人都可以按照自己的方式自由地生活。但它的缺点是由于选项太多，所以很多人会感到焦虑和犹豫。

价值观是自我创造的

当你感到不安时，常常会被大多数人的观点和价值观所左右。但是，如果你照搬他人的价值观，并把它当作自己的想法，并因此犯下错误时，你就会非常后悔，并且会将失败的原

 词语解释

极权主义
一种整体利益优先于个人利益的思想或政治制度。典型的例子是纳粹主义、法西斯主义。此制度因阿伦特的著作《极权主义的起源》而广为人知。

因归咎于别人和社会，而不会去反省自己。这种失败，完全是无意义的，也不会促进人的成长。

　　法国哲学家萨特说，工具的存在仅仅是因为它在这里（**自在存在**），而人类却是自己规定自我本质的存在（**自为存在**）。这意味着人类创造自己的价值观，同时开拓自己的人生。人不应该是去迎合他人的价值观和看法，而应该是自己去思索，从而找到令自己信服的答案。但是，如果人过于追求理想，则可能将自己的价值观强加于他人，破坏自己与他人的关系。因此，我们既要坚持自己的价值观，同时还要根据实际情况灵活应对，不要过于自我。通过反复尝试，我们不断地从错误中总

自我创造的价值观是强大的

来自社会的压力

多数派

"应该这样做"的执念

重要的是……
想成为……

理想的自己

▶ 创造自己的价值观，生活方式就不会一再改变

自在存在

独立于人的意识之外的存在。即事物或者工具位于某处的存在。

自为存在

人的意识的存在。即能够进行自由选择的人，能去追求理想未来的存在。

结经验教训，就可以逐渐养成正确的价值观。

停止思考会使人通往极恶非道

　　出生于德国的犹太哲学家阿伦特因受到纳粹迫害而流亡美国。她旁听并记录了犹太人对纳粹战犯阿道夫·艾希曼（Aldov Eichmann）的战争审判，写下了《艾希曼在耶路撒冷：一份关于平庸的恶的报告》一书，震惊世人。她也因此书一举成名。

　　阿伦特将艾希曼描述成"一个软弱的人"并在书的副标题中出现了"平庸的恶"一词。在书中，作者写道："毫不思考

等级秩序容易让人停止思考

▶ 当人身处集体当中时，容易停止思考……

 词语解释

《艾希曼在耶路撒冷：一份关于平庸的恶的报告》

1963年，哲学家阿伦特对阿道夫·艾希曼的审判所做的记录。在书中，指挥纳粹德国屠杀犹太人的艾希曼被描述成平庸的刽子手。

平庸的恶

《艾希曼在耶路撒冷：一份关于平庸的恶的报告》副标题中的一部分。在此处，平庸的意思是不值一提的、琐碎的。这说明一个普通人也可以变成大恶魔。

是成为极恶罪犯的诱因之一"。这个观点在世界上引起了广泛的争议。它告诉所有人，即便是最普通的人，如果他一味遵从上级命令，不去思考，那他也有可能成为人类历史上罕见的、穷凶极恶的罪犯。如果每个人都停止思考，在周围环境的影响下，有的人就会毫无顾忌地犯下深重的罪恶。

鼓起勇气说不！

当人们聚集在一个有超凡魅力的领导者周围并组成一个集体时，领导者的价值观会成为集体奉行的价值观，并优先于个人价值观。在这样的集体生活中可能存在等级秩序，在公司、学校、朋友关系中都是如此。

但是，集体本身的存在并不是一件坏事。个人在集体中占有一席之地可以给自己带来安全感。此外，由于身处集体之中，个人对外便具有一定的力量，有可能达成单靠自己无法完成的任务，并在集体发展中实现个人的成长。

但是，在集体中需要注意的一点是，个人的自由意志和意见可能得不到尊重。对于这种极权主义倾向，最重要的就是你不要停止思考、一味附和别人，而要鼓起勇气说"不"。

停止思考
一种不充分考虑自己行为对错的状态。艾希曼觉得自己很清白，因为他只是不做思考地遵从了命令行事。

等级秩序
金字塔形的组织或者等级制度。它起源于古希腊语"ιεραρχία"，最初的意思是"由大祭司统治"。

人们被社交网络服务左右

概　要

调整自己的尊重需求，
审慎进行语言游戏

社交网络服务的使用比例已达到60%

　　据日本总务省2018年的通信趋势调查，日本的个人智能手机持有率约为65%，社交网络服务的使用率为60%，并且现在智能手机持有率和社交网站使用率仍在不断增加。

　　很多人看到别人在玩社交网站，例如，Instagram，Line，Twitter和Facebook，才开始使用这些社交网站。通过社交网站，他们会看自己喜欢的名人和朋友的日常状态，为他们点赞，有时还会发表评论。当自己发布信息后，也会关心有没有人点赞，大家是怎么评论的。在这个过程中，他们不断刷新网

　词语解释

尊重需求

美国心理学家马斯洛的"需求层次理论"指出，人的需求按生理需求、安全需求、社交需求、尊重需求和自我实现需求的顺序分阶段出现。

页，心情也随着评论、点赞时好时坏。

古希腊人也在意别人的评价

不仅是在社交网络上，在现实生活中，每个人也都希望得到别人的认可，被别人"点赞"。这是人的**尊重需求**的体现。古希腊人也有**对荣誉的需求**，他们渴望获得荣誉并希望得到他人的赞赏。

古希腊哲学家苏格拉底认为人类生活的目的是提升灵魂（内心世界）。他解释说，人要**"保护灵魂"**（重视内心世界），这样才能更好地生活。他不在意地位、荣誉、知识和财富之类的表面事物，而是追求人文精神。

"谁"的评价比较重要？

他人的评价　　　　　　　　　　　　　　　　自我评价

在意他人评价的生活方式　　　自己真正想要的生活方式

对荣誉的需求

在今天来看，这是一种自我价值被认同的需求。

保护灵魂

苏格拉底的主张。他主张保护灵魂，提高人文精神，使内心世界更完美。

抛掉肤浅的外物，重视内心世界

此外，苏格拉底认为人可能会失去诸如财产和荣誉之类的外物，但内在（**灵魂**）却仍然存在。"表面的东西剥落之后剩下的"是"精华"，人必须过这种生活。

社交网站上别人的评价并不是绝对合理的，我们应该审视自己的内心，问问自己是怎么想的，自己想做些什么？这样才会发现自己真正的想法。

现在很多人出现了"**社交网络服务疲劳**"的症状。我们可以尝试远离社交网站，这样我们会找到其他事情打发时间，想法也会因此发生变化。当我们要退出社交网站时，不要一下子完全抛弃它，而是根据自己的情况逐渐远离，这样就自然而然地离开社交网站了。

文字形式的沟通很困难

Line和Twitter都是以文字交流为主的社交网站。文字交流不像面对面交流那样直接和高效，因此，我们要想在用文字交流时达到良好的沟通效果，需要一定的技巧。在面对面的会话

 词语解释

灵魂
苏格拉底认为，人的本质存在不是身体，而是灵魂，"灵魂"（内在）才是人自身。

社交网络服务疲劳
利用社交网站交流时会感到疲倦。

中，人们可以直接从对方的面部表情和行为细节中把握他的意图，但文字交流却没有这些辅助信息可以参考。Instagram虽然表面上看是一个以图像为主的社交媒体，但我们与他人的交流限于评论，所以它也是以文字交流为主。

想要准确地把自己的想法、想说的东西表达出来是非常困难的。而且，更麻烦的是，就一本书而言，读者不一定能通过文字了解作者的意图。

人们在社交网站上的交流，从一开始就包含着容易产生误解的隐患。从这个意义上说，社交网站是一把双刃剑，我们最好在使用它之前先了解一下其**缺点**。

没有画面的语言容易招致误解

面对面

社交网站

可以从表情、气氛和肢体动作中读懂对方的深意

难以正确解读，容易产生误解

（社交网站的）缺点

人们会产生与人攀比的心理或行为，发送的内容可能会被误解，人际关系的负担增加，由于失言引发轩然大波，如果连不上网会感到不安等。

语言的含义因时因地完全不同

维特根斯坦以**分析哲学**而闻名，他善于分析和思考**日常语言**。他的"**语言游戏**"观点认为，同一句话在不同场合和不同听众那里会产生不同的意思。这被他称为"游戏"。

例如，"这是什么？"这句话可能是孩子第一次看到某种东西时感到好奇而作出的询问，也可能是一个成年人回家后发现家徒四壁而发出的感慨。如果我们不知道某句话具体的语言环境，我们就不可能解读出其正确的含义。因此，人们在进行文字交流时，不能单看语言的字面意思，还要根

语言游戏的难度

意思是要我教他？

意思是我妨碍了他？

意思是想要借用一下？

是某种暗示吗？

意思是想要它？

这是什么？

意思是"你难道连这个都不知道"？

▶ 很难准确把握词语隐含的细微差异

 词语解释

分析哲学

起源于将自然科学的方法引入哲学的"逻辑学"，又经过哲学方法论等各种争论后确立起来的现代哲学的一大分支。

日常语言

用于日常生活交流的语言。那些专注于日常语言分析，并对其进行哲学阐释的学派被称为"日常语言学派"。

据语言环境（问候、命令、景色描写等）来分析其具体含义，这样才能与对方进行准确的交流。

交流双方是否遵从同一语言规则尤为重要

语言游戏在我们生活中无处不在。随着人类生活习惯的改变，我们的语言也会发生相应的变化。例如，"尽人事听天命"最初是指"尽力而为"，但是现在人们对它的解释更倾向于负面含义，"即便再努力也没什么用，不过还是去做点什么吧"。语言游戏和其他游戏一样，参与者都需要遵守同一规则。所以，不理解语言规则的人，就无法理解该语言的含义，也就无法与他人交流。

可以说，社交网站是现代语言游戏进行的重要场所之一。语言的含义会根据场合和对方的情况而发生变化，除非人们有共同的想法，否则很容易发生误解。现在，由于智能手机的普及，社交网站成为人们生活中的一部分，人们在社交网站上的交流也极为频繁，人们须重新审视使用社交网站交流的意义及其局限性。

通过文字形式进行交流本身就是一件极为困难的事，因此稍有不慎，使用社交网站交流就会给自己带来挥之不去的困扰。

语言游戏
维特根斯坦后期思想的基本概念。指把
语言与活动交织到一起而组成的整体。

很难与人相处

概要

摆脱怨恨，成为一个
意志坚定的"超人"

如何正确运用你的理性？

据说，人们大部分的苦恼都来源于人际关系方面的问题。那么，在人际关系中，真的存在人与人之间的相互理解吗？

笛卡儿说，人类被公平地赋予了"良知"（理性，即理解事物的能力）这一特征。但是，按照他的理论，如果每个人都有"良知"，都是理性的，人们之间必然会相互理解，人际关系自然也会融洽而没有隔阂。但事实果真如此吗？

对于这个问题，笛卡儿解释说，人们虽然拥有理性，但是却没有正确地去运用它们，所以才导致彼此之间的误解和关系

 词语解释

来源于人际关系

通常，让人苦恼的事情有"金钱""健康""人际关系"和"自我"等问题。其中，让人最为苦恼的是人际关系。

良知

笛卡儿使用的概念。正确判断和理解事物的能力。他在《方法介绍》一书中写道："良知，是人间分配得最均匀的东西。"

恶化。因此，为了正确地使用理性，人们应采取"**怀疑方法**"使自己的头脑更清醒，用怀疑的方法看待一切事物。

用怀疑方法改变对他人的评价

恐怖 严厉
前辈 上司

怀疑

很关心自己
或许是一个关爱后辈
的人？！

以怀疑的方法面对本质

在人际关系中，如果你抛开自己的执念，在没有先入为主的前提下看待另一个人，或许你的感受会有所改变。

如果见到一个人时，你看到的是他的本质，而无关他的职位、立场和年龄等**属性**，那么在与他初次见面时你便不会感到不知所措，既不会过于谦虚，也不会过于张扬。然而，不幸的是，人们往往会不知不觉地将成见和偏见带入人际关系中。

怀疑方法

笛卡儿哲学的基本思维方式。即通过怀疑所有可以怀疑的事物，借此找到一个确定的、不容置疑的事物，从而建立一门普遍的学问。

属性

通常是指某些事物和人共有的特征和性质。这是由荷兰哲学家斯宾诺莎提出的概念。他认为上帝是唯一的实体，实体是上帝的"属性"。

迎合别人是因为"良心谴责"

当我们被问道是否遇到过"不好打交道的人"时，大概谁都可以想到一两位这样的人。有时对方一句多余的话就会让我们感到沮丧，有时对方的态度会让我们抱怨不已，心里极不舒服，和这样的人打交道让我们感到头疼。但是，即使这样，我们也要照顾到他人的情绪，努力维持彼此之间的关系，否则我们会有一种罪恶感。

德国哲学家尼采称这种罪恶感、责任感和内疚感为"良心谴责"。即使我们并不是自愿的，却因为考虑到周围人的眼光而不得不去主动交往。这种带有责任感的交往，正是基于我们的"良心谴责"。

怎样才能让自己每天都过得快乐呢？这个问题才是我们行为的目的。了解了这一点，我们就会清楚自己是否有必要继续和对方交往下去。

嫉妒和怨恨没有任何好处

此外，尼采还提出了"怨恨"（ressentiment）的概念。人

 词语解释

良心谴责

19世纪后半期，德国哲学家尼采在《论道德的谱系》一书中提出的概念。他认为这是人们因为罪恶感、责任感和内疚感而产生的内心感觉。

怨恨

丹麦哲学家克尔凯郭尔提出，并由尼采在《论道德的谱系》中被重新定义的概念。指弱者因嫉妒、羡慕强者而产生的不满、愤怒、憎恶等感觉。

们对能干的同事或成绩优异的同学产生的嫉妒、扭曲和自卑等负面情绪都属于这一概念范畴。

如果你不喜欢某个人，就要客观地问一下为什么。你是否因为自己的生活过得不如意，就责怪过得很顺心的人。你要扪心自问，这种对他人的否定是否出于怨恨心理。

在此基础上，尼采提出一种"**超人**"理论。"超人"指的是有坚定的价值观，且在任何环境或情况下都不会动摇，率真地生活着的人。尼采希望人们能克服怨恨，成为超人，成为一个坚强的人——具有坚定的价值观，渴望实现自我价值，而不是因别人的成功和幸福感到自卑和嫉妒的弱者。

影响人际关系的想法

既然大家都跟着他

他性格太差

和他对着干是自找麻烦

切，暴发户而已

良心谴责

怨恨

超人

尼采提出的概念。指创造新价值并自我建立价值标准的强者。

家庭是爱的共同体吗？什么是家庭？

对于那些很难打交道的人，最有效的办法就是敬而远之。对他们只保持最基本的交往，能让你倍感轻松。但是，这个方法并不适用于家庭内部的交往。

德国哲学家黑格尔称家庭为"爱的共同体"（由爱结合而成的）。他认为家庭的3大本质是：因婚姻而成立，持有共同财产，对孩子进行家庭教育并在其成年后解体。对于一位生活在18世纪后期到19世纪前期的哲学家来说，这种想法是极其前卫的。

黑格尔首先将家庭的功能定位为抚养孩子，使他们成为市民社会和国家的一员。如果孩子已成为国家的一员，那么家庭的使命便完成了，家庭就会解体，也就意味着新成员具有了"独立人格"。这一观念虽然在当今仍然通行，但由于现在价值观的更新速度越来越快，比起以前，现在更容易发生因价值观不同而导致的亲子摩擦。结果是，父母与成年子女之间越来越难以维持适当的距离感。

 词语解释

爱的共同体
德国哲学家黑格尔在《法哲学原理》一书提出的关于家庭的观点。他认为家庭由婚姻组成、拥有共同资产、共同抚育孩子。

国家的一员
拥护国家的独立的人。黑格尔认为家庭共同体和市民社会是构成国家的要素，而抚养国家成员是家庭的责任。

代沟是影响亲子关系的因素之一

孩子是父母的爱的对象，有被抚养的权利，却不从属于任何人，他在人格上是自由的。但是，长期以来人们一直认为，家庭承担着两方面的工作。一方面是对孩子进行伦理教育，另一方面是对孩子进行社会教育，帮助他们能够离开家庭，在社会中生存。

也许正因为如此，"你应该听父母的话""要孝顺父母""照顾老人是孩子的义务"等价值观仍然深刻影响着当今的父母一代，而这种价值观与当今孩子们持有的各种价值观极易发生冲突。但是，这种冲突不同于外部冲突，家庭关系也并不会因此轻易地支离破碎。

当今的父母一代看重家庭伦理道德，而子女一代却强调"个人自由"，这两者之间常常会产生冲突。为了解决他们之间的冲突，就要抛却"因为我们是父子（母子、父女、母女）"这样先入为主的观念，而把对方当作一个具有独立人格的人，认真进行对话。

当孩子独立后，他们不希望受到家庭的束缚，而是希望建立新的社会关系。

解体

根据黑格尔的说法，当孩子成年之后，家庭就要解体。在那之后，子女一代又会建立自己的、新的家庭。

对"自由"感到苦闷

概　要

要主动选择自由，
而不是等待自由

社会契约论如何定义自由？

生活在当今时代，对于包括升学或者就业等各种情况，我们都可以自由地做出选择。然而，"自由伴随着责任"，自己任性的言行并不是自由。那么在哲学中，我们如何理解自由这一概念呢？

18世纪英国哲学家约翰·洛克发展了由托马斯·霍布斯提出的社会契约论。他说，人们可以通过制定契约来维持社会秩序，并让其获得自由。他对当时的王权说"不"，提倡"自由"，成了后来的民主国家思想的先行者。

 词语解释

社会契约论
英国哲学家托马斯·霍布斯提出，并由约翰·洛克进一步发展的观点。他认为合法政府只能建立在拥有自由、平等且具有理性的人们一致同意的基础之上。

社会秩序
整个社会得以维持而没有产生混乱的状态，以及实现该状态所必需的社会制度。

什么是社会契约论？

如果他违反契约内容我们就推翻他！

国民

委托

契约

责任

保护个人生存和财产的权利

自然权利

政府

即使获得自由也会感到苦闷

在当代日本，"**自由权**"在宪法中被定义为一项基本人权，人们自由行动的权利不受国家的制约。在这种宽松的社会环境中生活，为什么日本民众还会感到窒息？

这是因为在和平时期生活稳定的情况下，人们将视线由外部转向了内心，将焦点转移到个人问题上而不再是社会问题上，因此人们对自己和他人之间的差异变得更加敏感。事实上，正是因为人们拥有自由，才会在个人环境、才能和运气上产生差异。自由并不意味着每个人都可以过自己想要的生

王权
国王有控制国家的权利（国家事务的最终决定权），与君主主权相同。

自由权
能够自由思考、行动而不受束缚或干扰的权利。这是日本宪法规定的基本人权之一，能保障国民的精神、人身和经济活动的自由。

活，获得充分的幸福。甚至那些追求相同梦想的人也可能在不经意间拉开差距：有的人顺利实现梦想，有的人却遭遇重大挫折。

"人类被判了自由之刑"

法国哲学家萨特说："人的存在先于**本质**。"因此，人的出生本身没有任何意义，他们需要自己寻找存在的意义。人可以通过行动创造未来，这是自由的。

同时，萨特还说："人类被判了自由之刑。"这句话的意思是自由的判断和行动会影响他人，自由与责任密不可分。只要有自由，就

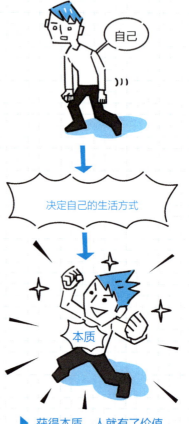

获得存在主义意义上的本质

自己

决定自己的生活方式

本质

▶ 获得本质，人就有了价值

 词语解释

本质
事物的根本性质或要素。它是事物得以存在的根本性质。

介入
尝试主动打开局面的态度。萨特称人们进入社会、与他人合作互助，以此来改变世界的社会活动为"介入"。

会有相应的责任,这让人感到苦闷和沉重。

但是,正因如此,萨特又通过"**介入**"的概念,告诉我们应该怎样利用自由。"介入"是萨特亲身实践的一种生活方式,指积极参与到社会活动中——不是封闭自己,而是积极走出去,参与到自己感兴趣的事物中,这就是自由。

面对自由时的孤独和焦虑导致人们投入法西斯主义的怀抱

社会心理学家**埃里希·弗洛姆**(Erich Fromm)是出生于德国的犹太人。他著有《**逃避自由**》一书,从社会心理层面剖析了纳粹产生的原因。

在近代,从传统权威中解脱出来的人们丧失了既有的价值观,变得内心彷徨,无所依靠,并感到孤独和焦虑。自由带来的孤独感,让人们寻找新的权威归属,于是他们轻信了纳粹的民族主义宣传,投入到纳粹权力的怀抱。弗洛姆认为法西斯主义之所以能发展起来,与人们面对自由时的孤独和焦虑有莫大关系。

不要依赖集体,要自己寻找答案

弗洛姆在《逃避自由》中写到"**消极自由**"(通过摆脱束

埃里希·弗洛姆

1900—1980年,20世纪德国社会心理学家、心理分析家和哲学家。他在纳粹统治期间流亡美国。

《逃避自由》

埃里希·弗洛姆于1941年发表的著作。书中考察并分析了德国出现希特勒极权主义统治的原因,以及人们支持纳粹的原因。

缚获得的自由）会使人感到不安和孤独，这种自由最终会被人们抛弃。为了防止出现这种情况，人们应形成"**积极自由**"（主动追求自由）状态，以实现自我。

消极自由是指简单逃避等非主体性的行为，例如，对集团领导者的话不假思索就完全接受属于消极自由。而积极自由是以自己为主体实现的自由。

自由意味着任何事情都需要自己来判断，这种焦虑会给人带来负重感和压力。对此，我们应该做好心理准备：即使会有压力，也不依赖于他人或集体，而是要自己给出答案。

人们对无限可能性感到焦虑

丹麦哲学家克尔凯郭尔在其著作《焦虑的概念》中研究了人类的焦虑问题。焦虑是模糊的，没有特定对象，因为它无法像恐惧一样会被明确识别出令人恐惧的对象。当人们意识到自己是自由的，并且拥有无限的可能时，就会感到焦虑。

克尔凯郭尔认为，知道自己可以自由生活，于是感到焦虑，这是人类的本质。人们通常认为自由是一件好事，但是一旦这一情况超出了人们的想象（例如，无限可能），人们就会

 词语解释

消极自由

能够自由地行动和选择，而不会受到他人的强迫、干扰或妨碍。埃里希·弗洛姆认为如果自由是"（通过摆脱束缚）得来的自由"，人们就会再次放弃自由。

积极自由

人们除了消极自由外，还能够为了守护自己的自由而付诸行动。弗洛姆认为，在消极自由中，人类是孤独的和被统治的，因此他提倡积极自由。

感到焦虑。

我们可以回想一下，当自己感到焦虑时，有没有具体的让我们焦虑的对象？也可以好好问一下自己，我们为什么会因为自由而感到苦闷？如果能找到导致我们焦虑的对象，或者让我们感到苦闷的原因，那就可以找到解决办法。即使没有找到答案，我们的思考也并非没有意义，我们可以在思考中充实我们的精神世界。

在现代社会，人类的威胁越来越少，正因如此，人们才会"对自由感到焦虑"

自由！

权威

自然、灾害

宗教

从各种威胁中摆脱出来，获得自由，反而因为自由和责任感到焦虑。

《焦虑的概念》
代表19世纪丹麦哲学家克尔凯郭尔前期哲学思想的著作。书中"焦虑是自由引起的眩晕"这句话成为世人熟知的名言。

"有钱""有爱人"就会幸福吗?

概 要

做一个品德高尚的人,
而不是富豪或者恋爱达人

人生的终极目标是幸福

自古以来,许多哲学家都认为"**人生的目标是幸福**"。那么,人们怎样才能得到幸福呢?是拥有财富,物质欲望得到满足,还是与自己倾慕的人结成伴侣?

首先,让我们来看一下幸福和金钱的关系。或许有人说即使没有钱也会很幸福,但是,在现代的日本,没有钱就无法过上令人满意的生活,金钱对于幸福人生必不可少。除了衣食住行,休闲娱乐和人际交往也需要金钱。如果我们想提高生活质量,就要提高工作效率或者通过跳槽来增加收入。

 词语解释

人生的目标是幸福
包括古希腊苏格拉底、柏拉图、亚里士多德等在内的许多哲学家和思想家都认为人生的终极目标是幸福。

收入增长与幸福感无关

可能也有人认为越有钱就越快乐,但事实并非如此。有数据表明,只是拥有大量的金钱并不会让人感到快乐。

美国经济学家**理查德·伊斯特林**(Richard Easterlin)提出了"**幸福悖论**"。他在发达国家进行的一项调查中,对比了"个人收入"和"幸福感"之间的关系,发现到了一定阶段之

什么是"伊斯特林悖论"?

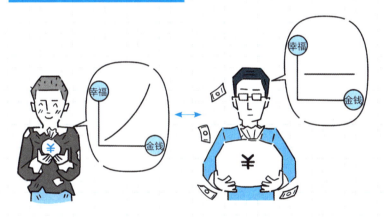

对贫穷的人来说,幸福感随着收入的增加而增加

财富达到一定程度后,即使收入增加,幸福感也不会增加

理查德·伊斯特林

1926年至今,当代美国经济学家,幸福经济学的先驱。他因幸福悖论(伊斯特林悖论)而闻名于世。

幸福悖论

理查德·伊斯特林于1974年发表在其论文中的观点。该论文认为,国民收入低的国家,国民幸福感不一定低。

后，幸福感会随着收入的增加而降低。

由此可知，金钱可以满足人的部分欲望，它与幸福相关，但超出必要限度之后，收入增长并不能给人带来极大的幸福。

恋爱可以使人幸福，也可以使人不幸

接下来，让我们讨论一下恋爱与幸福的关系。恋爱中的人，有时会感到快乐，有时会感到苦恼和焦虑，觉得非常痛苦，拥有这种经历的人不在少数。纵观世间各种纷争，有些就起因于"痴情或者异性关系的纠葛"。虽然这种情况并不多见，但足以说明恋爱未必会给人带来幸福。

古希腊人把爱分为了4类，分别是"爱欲""友爱""博爱"和"亲情之爱"。爱欲是柏拉图在《会饮篇》中提出的，指追求理想的爱，友爱是亚里士多德在《尼各马可伦理学》中描述的友情，博爱是指在基督教中的无私的爱，亲情之爱是与父母或者兄弟姐妹之间基于血缘的爱。爱欲是以自己为中心的爱，而友爱、博爱、亲情之爱都是相互之间的爱。

 词语解释

《会饮篇》
古希腊哲学家柏拉图的著作。内容是参加宴会的人对爱的探讨。该书以柏拉图的老师苏格拉底为主人公，采用一问一答的形式阐述了爱的本质。

《尼各马可伦理学》
古希腊哲学家亚里士多德生前的授课讲义，由他的儿子尼各马可等人整理汇编而成。该书讲述了"善""幸福""美德"等。

大约70%的人会以貌取人

柏拉图所讲的爱欲(恋爱)又分为多个阶段,起初最重要的是外表美。外表魅力是爱欲的最初阶段,最终达到精神美的高度。即使在今天,人们在很多情况下也会以貌取人。

根据美国科学杂志《科学》(*Science*)**发布的数据**,大约70%的人会以貌取人。虽然这些数据来自政治选举,但是从中仍然可以看出,人们习惯于从外貌来判断一个人。虽然人们对于以貌取人的程度会存在个人差异,但是在恋爱时,外表的确是一大要素。良好的外貌能给人带来自信,但即便如此,也并不能说外貌好的人一定会得到幸福。

高尚的人会得到幸福

苏格拉底、柏拉图和斯多葛学派的思想家们认为,幸福就是"高尚地、有德行地生活"。苏格拉底认为,美好的灵魂能够让人在道德上和人格上变得更好,这就是"有德行"。

亚里士多德说,唯有有**德行**的人才能得到幸福,同时,幸福也受到环境和健康状况的影响。

发布的数据
心理学家亚历山大·托多洛夫等人的研究成果。他们使用2000年、2002年和2004年美国众议院和参议院选举候选人时的候选人照片来判断此人的能力并收集数据来证明。

德行
亚里士多德把它称为"arete",是指任何事物的特性、特长,是使一事物成为该事物的本性。希腊语中将arete译为"特长"。

另外，亚里士多德认为，要获得幸福，人们需要同时具备"**理智德行**"（通过教育来获得）和"**伦理德行**"（通过良好的习惯来获得）。

"中庸"最重要

一般来说，"美德"多指优秀的道德、品行和人格。通常我们说某个人有"德行"，是指这个人值得信赖，能做出正确判断，能站在他人的立场上考虑事情，拥有优秀的人格。因此，成为有"德行"的人，或许会感到幸福。

亚里士多德认为，我们要想拥有美好的道德，需要采取"**中庸**"（不偏不倚）的人生态度。不偏倚任何一方，达到恰到好处。既不过于贪婪，也不过于消极，对事物应保持一种温和的、中庸的态度。

对于金钱，我们不能极端地认为"不需要金钱"或者"钱越多越好"，而是满足于生活所需即可，这样我们才有可能获得幸福。至于恋爱，也是如此。如果我们过分爱恋对方、想要获得对方的回应，都会让自己过度陷入依赖关系之中，甚至会给自己带来不幸。

 词语解释

理智德行

亚里士多德提出的概念。即人们通过智慧和教育形成的德行。通常情况下，理智德行越多越好。

伦理德行

人们通过勇气和节制等良好的习惯形成的德行。伦理德行应该适度，勇猛过度可能导致有勇无谋，过少可能导致怯懦怕事。

人生不只有爱情和金钱，还要充实自己的内心

如果人们的幸福仅仅通过赚钱或恋爱来获取，那么他们很容易陷入金钱和爱情的旋涡中无法自拔，尽管他们并不确定爱情或金钱是否让人幸福。

既然这样，不如听从古希腊哲学家们的建议，成为一个有道德的人，这样或许更容易获得幸福。想成为一个有道德的人，你可以先环顾四周看看有没有这样的人。如果有，你便找了一个很好的榜样。你可以先找出自己与他的不同之处，找出他的"德行"所在；然后，以他为目标，重新审视自己的生活，努力改变自己。

幸福和德行之间有什么关系？

幸福就是有德行的生活

如果你有一颗"中庸"之心，就可以获得幸福！

生活中的各种事情＝＝材料

德行
加工材料的技术

苏格拉底　亚里士多德

中庸

亚里士多德所说的"中庸"。即人在生活中不偏不倚，公正的状态。将中庸态度融入生活习惯，可以培养人的德行。

第15天

人生充满了不安和焦虑

概 要

看淡生死，寻找人生目标

每个人都会逐渐老去

任何人都会逐渐衰老，这一点让人们感到不安。从昭和年代（日本年号，1926—1989年）到平成年代（日本年号，1989—2019年），再到当今的令和年代（日本年号，2019年5月1日开始），日本人的平均寿命持续增长。2017年日本政府举办了"**人生100年时代构想会议**"，日本媒体也在大力宣传"人生100年时代"的概念。但是，寿命变长，老年人对生活的焦虑是否也会相应地增加呢？

日本的一项针对20岁以上男性和女性的"**老年焦虑意识调查**"显示，在20岁以上所有年龄段的女性中，超过90％的人

 词语解释

人生 100 年时代构想会议

日本于2017年致力于建立健全经济和社会体系，迎接超长寿社会，让人们活力满满地生活在新时代而召开的会议。

老年焦虑意识调查

根据SECOM（译者注：日本一家提供警备服务的大型企业）在2019年进行的"日本人焦虑问题调查"结果，引发老年人焦虑问题的因素为：第一，"疾病和受伤"，占72.2％；第二，"财务负担"，占71.8％；第三，"养老看护"，占52.8％。

回答说她们会感到焦虑。那么在哲学中，哲学家们是如何看待让人感到焦虑的"衰老"问题的呢？

西塞罗说"需要自我辩解的老年肯定是一种可怜巴巴的老年"

古罗马哲学家西塞罗在《论老年》一书中谈论了老年人的话题。一般而言，人们对老年人持有强烈的负面观点，但西塞罗反对这种观点。他就人们经常提出的对老年人的4个质疑进行了反驳。

对于"年老使我们不能积极地工作"的观点，他认为老年人富有洞察力和权威性，做事深思熟虑，能够在适合他们的活动中为社会做出贡献。

怎样度过美妙的老年生活？

从幼年到壮年的生活方式决定了一个人的老年生活的状态

幼年和童年期　青年期　壮年期　老年期

力量弱小　精力旺盛　人格稳定

《论老年》

哲学家西塞罗的著作。他在书中提到人无法预知死亡何时会降临，如果没有充分的心理准备，就无法保持平静。

对于"老年人年老体衰"的观点，他认为只要根据自身情况，量力而行即可。

对于"年老使人缺乏感官上的快乐"的观点，他认为人们应该避免毫无节制的感官享乐，感官快乐的缺失并不是老年人的悲哀，反而是值得高兴的事情。

对于"年老会面临死亡"的观点，他认为人的成熟是一件好事，遵循**自然法则**老去、死亡，我们不需要去害怕。

西塞罗说："需要自我辩解的老年肯定是一种可怜巴巴的老年"。为了拥有丰富充实的老年生活，人们应该认真思考怎样度过前半生；为了消除对衰老的不安，人们当下就要努力丰富自己的人生。例如，当年老时，我们可以寻找适当的机会，把我们积累的经验和知识传授给年轻人。这样，自己的人生会更有意义，老年生活也会更加充实。

价值观不确定时，人们做判断会更加困难

除"年老"外，还有其他因素也会引起人们的焦虑。你是否有过这种感受：突然间对人生感到一种不可名状的不安，会发出"以后可怎么办啊"的焦躁感叹。例如，当你参加聚餐，在人们相谈甚欢时，突然产生"为什么我会在这里"的焦虑和

 词语解释

自然法则
自然世界中的法则和规则。在古希腊哲学和基督教中，"法则"是指上帝统摄一切事物。

多样化
直译为多样性（diversity）。在商业术语中，指的是积极利用各种人才，而不论其性别、国籍、种族、学历、年龄的观点。

空虚感。如今，多样性正在渗透到社会和职场等各个方面，价值观正在变得越来越多样化。也许是受此影响，人们的价值观变得不确定，做事时思前想后，判断标准也变得模糊不清。

死亡面前，人人平等

中世纪的人们，根据基督教的教义形成了自己的价值观，将神作为自己的人生指南并贯穿一生。在那时，人们只要按照神的旨意，认真地生活，就不会感到不安和彷徨。但是近代以来，受"人是自律的个体"思想的影响，人们不得不开始思考自己的人生。

德国哲学家海德格尔认为，大多数时候，人突然感到莫名的不安是对于死亡的不安，因为只有死亡才是确定的存在。人有各种可能性，但任何一种都是不确定的，唯有"人皆有一死"这件事是确定无疑的，具有绝对性。

接受死亡，回归本真自我

海德格尔将不回避死亡、正视死亡描述为"先行到死中去"。这样，人就可以真正面对自己，回到自己的本真状态。海德格尔将正视死亡，回归人的本真状态称为"向死而生"。

先行到死中去

海德格尔的死亡观。他认为，正视死亡可以促使人自由地展现出各种可能性，因此人们对死亡的理解非常重要。

向死而生

海德格尔认为，人们正视并接受死亡，意识到自己的生命是有限的，可以唤醒本真自我。

海德格尔想要告诉我们的是，我们要坦然面对死亡，发现人生的价值，让只有一次机会的生命绚丽多彩，让自己无怨无悔。死亡和焦虑是消极的，但是我们可以以强大的精神力量去接受和克服这种感觉，如此，我们才会对自己的生活充满信心。

自己选择人生目标！

受海德格尔的影响，萨特提出了"人并非生来就有目标，他必须自己去寻找目标"的观点。"物品"的使用目的在被制造出来时就明确了，但人的人生意义和目标需要他不断地探索，并努力去实现它。

物品与人的本质差异

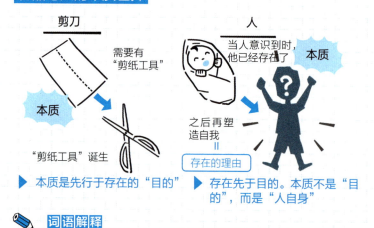

剪刀

需要有"剪纸工具"

本质

"剪纸工具"诞生

▶ 本质是先行于存在的"目的"

人

当人意识到时，他已经存在了   本质

之后再塑造自我
＝
存在的理由

▶ 存在先于目的。本质不是"目的"，而是"人自身"

✎ **词语解释**

意义和目标

存在的理由、存在的意义。萨特主张必须探索人的本质（生命的意义和目的）。

另外，萨特还认为确立什么样的人生目标，怎样度过自己的一生，这些都应该由自己去思考和决定，这也被称为"**谋划**"。为实现理想社会的目标，我们应秉持开拓进取的积极生活方式。

在充满绝望的时代里发出震撼人心的呐喊

20世纪发生了两次世界大战和其他大大小小的战争，世界各地战火不绝，社会动荡不安。科学的进步导致了大肆杀戮，破坏了既有的价值观，人们失去了原有的精神依靠。萨特在一次演讲中说："在这样的时代中，人类必须自己找到生活的意义和目的。"后来，他的演讲内容被整理成书，名为《**什么是存在主义**》。该书出版后在世界范围内广受欢迎。

当一个人说自己从来没有人生目标时，这意味着，他认为自己的存在没有意义，并因此感到焦虑不安。但是，仔细想来，如果他从一开始就确立了人生目标，那也会成为一个沉重的负担。

人在一生中必定会停下来思考一下自己的人生。那时，人们会自己去选择目标，这样，人们就会对自己的选择产生责任感，并体悟到人生的意义。

谋划

海德格尔提出的概念，也称为"筹划"。海德格尔认为它是对本真自我的可能性追求，而萨特认为它是对理想存在的可能性追求。

《什么是存在主义》

此书是根据1945年萨特在巴黎的一次演讲的内容整理而成。它讲述了人是如何存在的（人的存在），并告诉我们怎样做才能自由地生活。

找不到恋爱的意义

概 要

爱情可能没有意义，但它可以
把人们从孤独中解救出来

寻找失去的东西就是爱

为了恋爱，人们会牺牲自己的私人时间，有时候也会感到空虚。有的人不明白为什么要恋爱，也找不到恋爱的任何意义。正因为人们谁都有爱或者不爱的自由，所以才会感到迷茫和苦恼。

柏拉图的著作《会饮篇》中，描写了哲学家们在宴会中发表各自对爱神（厄洛斯）的观点，整本书以此为主题展开。这本书的主人公是柏拉图的老师苏格拉底，苏格拉底通过对话问答的方式揭示了爱的本质。书中的一个人说：爱有两种，分别

 词语解释

厄洛斯
古希腊神话中的爱神。寻求自己缺少的东西就是爱。《会饮篇》中提到肉体之爱是低级的，而精神之爱是高贵的，应该被赞扬的。

低俗的爱
双方寻求满足自己的欲望的爱。

是德行低下的、**低俗的爱**和热爱对方理性一面的**高贵的爱**。另一个人则说，人类原本是由两个人背靠背相连形成的球体，但是由于他们对神灵不敬，引发了神的震怒，才被宙斯剖成两半。因此，人类需要寻找失去的另一半身体，以完成合体，这才是爱情。

爱情有时会给人们带来生活的勇气

柏拉图认为爱神从出生就实现了永生，而恋爱的目的也是为了求得永恒，永生即为永恒，上帝是永恒的，而人因为无法获得永生而懊恼苦闷。但是，正是因为有这种苦恼，所以人类之间诞生了爱，这也成为他们活下去的动力。当人有了所爱之人时，他会获得生活下去的勇气，相信很多人都有这样的感受。如果爱给人带来了生活的勇气，那么恋爱便可以让人生朝着更美好的方向发展。

另外，柏拉图还阐述了"**美的理念**"。在爱神的召唤下，人们从欣赏人的身体美发展到精神美，最后达到美的极致，即美的理念。美的理念并不存在于我们生活的世界，而是存在于我们的理念世界。人不断追求美的理念，这也是爱的目的。

高贵的爱
双方都追求美德的爱。

美的理念
柏拉图哲学的基本概念，指纯粹的美。他认为美的理念存在于另一世界，美的理念将美分享给了人间的各种美好的事物。

在所有的生物中，只有人类才有色情

乔治·巴塔耶（Georges Bataille）是20世纪法国主要的思想家之一，活跃在哲学、小说、文学批评和艺术理论等广泛的领域。他研究的主题之一是"**色情**"，通过它来考察人类的存在方式。巴塔耶认为，色情是人类所特有的，动物只是遵循其本能的性冲动。色情与单纯的性欲不同，它以"感官享乐"为目的引导性行为。

而且，与动物不同的是，人类的性行为受到性伦理方面的

只有人类才能萌发色情

动物

只是跟随本能冲动

人类

规范 ←
支配 ←
禁止 ←

▸在各种规范约束下仍去追求自己的目标
↓
因此才出现了色情

 词语解释

乔治·巴塔耶
1897—1962年，法国思想家、作家和哲学家。他研究尼采的思想，对福柯和德里达等后现代哲学家产生了巨大影响。

色情
一种能引起人的性欲或让人期待性行为的状态。在艺术作品中，也指性主题作品。

规范约束。在宗教、习俗、法律等方面，与性相关的社会法规比比皆是，性已成为一种禁忌，但是这种"**禁止和侵犯**"反而让其拥有了神秘感和魅惑。巴塔耶解释说这就是色情。

禁果背负着原罪

在性和性行为方面，我们有过很长一段时间的禁忌史。在《旧约》中，最初的人类——亚当和夏娃——吃了禁果，受到上帝责罚，被赶出了伊甸园。此时，二人"眼睛就明亮了，才知道自己是赤身裸体，便拿无花果树的叶子为自己编成裙子"。他们违背了上帝的教义，被逐出了伊甸园，背负着原罪，这种罪使他们无法用理性控制一直压抑的欲望，这对后世产生了巨大的影响。人们渴望充满道德和理性的生活，而欲望和性快感在他们看来是可憎的。

除了基督教之外，社会中也存在着性禁忌。男女之间违背人伦的关系，就是巴塔耶所说的对禁止的侵犯；已经有了社会认可的契约关系——婚姻，却仍然与他人建立亲密关系，这种婚外恋是对伦理和社会秩序的破坏；那些甘愿冒险踏上"不归路"的人，或许受到了性的驱使。

禁止和侵犯

巴塔耶关于色情的考察。如果说法律、习俗、宗教"禁止"某些行为，那么对它们的"侵犯"会增加色情的价值，并增加色情的吸引力。

《旧约》

基督教经典。其内容主要是耶稣基督诞生之前的事情，亚当和夏娃的故事在第一部《创世纪》中。

寻求团结，克服恐惧

德国哲学家埃里希·弗洛姆在他的《爱的艺术》一书中对爱情进行了各种考察。他在书中指出，资本主义社会破坏了人们的爱情，当今也是一个很难产生爱情的时代。虽然物质生活极为丰富，但人们却生活在孤独中。弗洛姆还说，人最害怕被孤立。人们知道死亡的存在，想到总有一天会面对死亡，于是便产生了对孤独的恐惧。人们为了克服对孤独的恐惧，就要团结他人，融入他人，这就是爱的本质。

爱不是"接受"，而是"给予"

弗洛姆还指出，爱应该是给予，而不是接受。爱本来就应该付出，给予的正是自己得以生存的所有。

弗洛姆认为爱是一种积极的活动，除了要"给予"之外，爱还包括关心、责任、尊重和认识。关心是指积极关怀所爱的人，责任是指满足或者准备满足另一方的要求，尊重是指接受对方的一切，并认为他的存在是独一无二的，认识是为了尊重

 词语解释

《爱的艺术》

弗洛姆的著作，于1956年出版。书中谈到了爱的普遍主题，认为爱是一种积极的活动，它可以帮助人摆脱最害怕的孤独感。

爱的本质

根据弗洛姆的说法，与恋爱不同，爱是一种自我选择。爱是给予，不是接受，能够慷慨给予爱的人是充实的。

对方，而去认识和了解对方、关心对方，并超越对方对自己的关心。

如果我们想要被爱，那我们不仅要给予爱，而且还要要求爱的回报，这就是彼此依赖的人之间的恋爱。彼此独立的人，因为爱而变得更加主动。弗洛姆还认为，一个没有独立人格的人，也无法与别人一起生活，因此人们要获得爱，必须要有坚定不移的自我信念。

"爱"不是对象问题，而是能力问题

因为没有找到合适的人，所以一直没能结婚

关心　责任

尊重　认识

将责任推给对象

拥有爱的能力才是问题的本质所在

给予的

弗洛姆主张为了另一个人而献出自己的生命。这并不意味着爱要付出金钱，而是要把自己内心的喜悦、兴趣、理解和悲伤等感受表现给对方。

日本的哲学家们，
你都了解吗？

日本明治维新之后，日本社会大量吸收了西方文明，人们开始关注并研究哲学，因此也出现了一批优秀的哲学家。在这里，我为大家介绍3位具有代表性的日本哲学家。

首先是日本现代哲学家的代表人物西田几多郎（1870—1945年）。他将东方传统的根本原理"绝对无（无须'有'的存在的、本质上的无）"的思想理论化，用西方哲学理论分析"无"的概念，创立了自己独特的哲学思想，他的哲学思想又被人们称为"西田哲学"。作为近代日本的本土哲学，西田哲学对日本大正时期（1912—1926年）和昭和时期（1926—1989年）的思想产生了深远的影响。

与西田几多郎几乎同时期的哲学家还有九鬼周造（1888—1941年）。他自1922年起留学欧洲，历时8年，曾在伯格森和海德格尔门下学习存在主义哲学。他的哲学思想的特点是用存在主义来分析日本人固有的精神结构和审美。其代表性著作

《"粹"的构造》，从"媚态""傲气""达观"3个要素来分析、考察日本传统审美范畴中的"粹"。日本哲学界仍在使用的"存在"（日文"実存"）一词，便是九鬼周造创造的新词。

还有一位哲学家，毫不逊色于西田几多郎和九鬼周造，他就是鹫田清一（1949—　）。鹫田清一精通现象学和身体哲学，曾提出"身体只是想象的产物，即'像'（想象）"。这一理论的依据是，我们直接能看到的自己的身体部位只有手脚等少数几个，而无法直接看到自己的脸部表情，只能依靠想象，其他很多部位同样如此。他对"我"的真实状态的追问，受到了现代人的广泛关注。

很多人认为，日本人崇尚的以和为贵的思想与批判性的哲学有点格格不入，从这一点来说，不习惯西方哲学的人，尝试着读一下日本哲学家的作品也未尝不是一个好的选择。

人为什么要工作?

概　要

为了生存，
为了成为一个真正的人

工作与人性之间的关系

"人为什么必须工作"这一问题，有一个基本的答案，"工作是生存之需"。不过，在现代社会，人们更关注的是内心人性方面的东西，而不是工作、领工资和纳税。

例如，当你询问刚认识的人在哪里上班时，通过他的回答你就可以判断"他是什么样的人"。尽管工作内容和人性不能画等号，但在现在，人们常常将它们联系起来，因此对工作意义的追问就成了社会的一大难题。

 词语解释

《政府论》

17世纪末约翰·洛克撰写的一部政治哲学著作。它对美国《独立宣言》和法国《人权宣言》的发表等现实政治产生了重大影响。

"工作"赋予人们个性和人格

洛克在他的《政府论》一书中写到，自然界中的一切都是上帝赋予所有人的，而不单独属于某个人。每个人的身体属于他本人所有，人们通过自己的身体劳动所得的东西，其所有权归属于个人。

换句话说，工作为人拥有"自己的"东西提供了依据。这一主张不仅仅适用于客观事物，还将人从毫无自由的"神的创造物"转变为主体性存在，赋予人个性和人格。

所有权与劳动之间的关系

产生个性和人格

劳动

提供

自然界的所有事物

获得

所有权

完全支配特定对象的权利。洛克通过劳动说明了所有权的产生，因此也称为"劳动所有权"。

神的创造物

由神创造的事物。神创造了世界和人，为了强调其超越性，人们称神为"造物主"。

"劳动"是为了生存

德国哲学家阿伦特在《人的条件》一书中，将人类行为分为3种类型："劳动""工作"和"行动"。"劳动"是指获取生活必需品的行为，"工作"是指创造出自然界中不存在的事物，例如艺术品等，"行动"是指人们通过语言进行的交往。阿伦特认为，尽管在人类行为中行动是最重要的，但在现代社会中，人们迫于生计，几乎没有时间去开展自己的行动和工作。

然而，为生存而"劳动"，作为一种生存方式，对人生来说是不完善的。每天迫于生计压力的劳动，会让人活得不像一个真正的人。

工作是人类存在的前提

法国哲学家福柯认为"工作"是人类存在的前提。他在《疯癫与文明：理性时代的疯狂史》一书中写道，中世纪最大的恶习是贪婪。但同时他也指出，在17世纪之后，不工作的人，也就是"懒惰"成了恶习。例如，17世纪英国

 词语解释

《人的条件》
阿伦特于1958年创作的政治哲学著作。阿伦特在书中写到，人的存在是有条件的。

（人类行为的）3种类型
"劳动""工作""行动"。这是区分人类与其他动物的3种活动。

颁布的《伊丽莎白济贫法》规定：国家为那些因生病而无法工作的人提供衣服和食物，但是那些没有生病却因为懒惰而不去工作的人，则要受到惩罚。工业革命后，"不工作的人一文不值"成为一种新的人文思潮，广泛普及整个资本主义社会。

欧洲资本主义经济确立之后，人的价值在于"工作"这一观点为整个社会所接受。可以说，"工作是人类存在的前提"这一观念也得到了现代社会的普遍认可。

在欧洲当代资本主义社会中工作

人们被公司雇用，并获得对等的劳动报酬，这就是现代社会的主流劳动形态。即使个人（被雇佣方）制作出东西，这些东西最终也会变成公司（雇佣方）的产品。也就是说，被雇用的人将自己的劳动力和时间作为产品，出售给了雇主。

出售劳动力意味着劳动者与他制作的东西被分开了。当劳动者的劳动变成一种商品时，他就失去了自愿和自由生产这一人类本质，于是，人类的劳动变得虚无。马克思将这种工人劳动越多就越感到空虚的状况称为"劳动**异化**"。

《疯癫与文明：理性时代的疯狂史》
福柯于1965年出版的著作。在这本书中，他从思想、制度和艺术等方面考察了西方文明与"疯癫"之间的关系。

异化
马克思早期理论的一个重要概念。指工人被榨取劳动价值、产品和劳动力后感到空虚的状态。

工作带来的社会意义使人感受到快乐

本质上，与娱乐活动相比，劳动称得上是一种苦役。但人们总是想探索自己的能力并实现自己的目标，如果有这样的机会，无论它是娱乐还是工作，都会让人感受到乐趣。

如果你想在工作中找到快乐，你就需要有良好的人际关系，并获得来自他人的良好评价。此外，从工作中感到它的社会意义也是获得工作幸福感的重要因素。人类**厌恶无意义**的行为，所以意识到工作的社会意义，从事有利于他人的工作，会让人感到幸福。

需要重新审视工作和闲暇

与现代社会恰恰相反，历史上有段时期并不认为勤劳是美德。例如，在古希腊，人们**厌恶劳动**，认为拥有自己的时间比劳动更有意义。

但是，在资本主义经历了工业革命之后，劳动成了美德，而懒惰成了恶习。不过英国哲学家罗素批评**勤劳的美德**，他认为公平地分配闲暇时间更重要。因此，我们现在需要重新审视

 词语解释

厌恶无意义

美国经济学家、社会学家索尔斯坦·凡勃伦说："人们讨厌没有意义的事情"，并且其程度超越对劳动的厌恶。

厌恶劳动

古希腊劳动观。在古希腊城邦中，农耕等劳动是由奴隶完成的，且劳动总是与苦役、惩罚联系在一起。

工作和闲暇。

工作使人被认可，使人感到幸福

　　人类工作的意义还包括让其在人际关系中获得"认同"感。虽然工作的内容千差万别，但是每个人都可以通过工作获得相应报酬，并得到组织、集体和相关人员的适当评价，这可以让人感到自己是有价值的。此外，工作还包括家务、育儿和志愿服务等无偿劳动。这类工作会让人感觉到自己被别人需要，能得到社会认可，如此，认同需求得到满足时幸福感也会增加。"工作"也是个人融入社会、被社会认可的一种方法。

为了感受到工作的乐趣

工作的意义

与同事保持良好的关系

得到合理的评价

发挥自己的能力

▶ "自己的工作是有意义的！"　　▶ 得到"认同！"

勤劳的美德

英国哲学家罗素对此持批评态度。他认为，应该由多人共同分担短时间的劳动，并让每个人公平地享受丰富的闲暇时间。

为什么必须遵守法律?

概　要

尊重法律，维护社会原则

追问"什么是法律"的哲学领域之一 ——法理学

不能对他人施暴，不能威胁他人，不能偷盗物品……这是由法律规定的社会规则。遵守法律的意识已经渗透到了现代社会每个人的心中。

但是，"我们为什么必须要遵守法律?"这个问题却很难回答，因为我们首先要弄清楚"法律是什么"。**法理学**一直在思考并致力于回答类似的问题。

首先，先让我们了解一下法律形成的历史。

 词语解释

法理学
对法律的制定、执行、人们的法律观念以及与法律有关的社会现象，进行哲学考察的学科。这个术语译自德语"rechtsphilosophie"。

自然法
所有人类，而不论其时代、种族，都应该遵循的社会规则。它具有普遍性、恒久性和合理性等特征。

法律与道德之间的关系：自然法与国际法的开端

自古代到中世纪的社会中也有法律的存在，但是它一般被当作自然法的延伸，是以神和道德为基准的。意大利哲学家和神学家托马斯·阿奎纳（Thomas Aquinas）认为上帝统治整个宇宙的法律是永恒法，同时他将各种法律概念系统化。

后来，荷兰法学家格劳秀斯（Grotius）主张，自然法应来源于人的理性，并且应从法律中去除神学因素。在他的《战争与和平法》一书中，他坚持国际法应该以自然法为基础，这对后来国际法的制定产生了重大影响。

法律内容的变迁

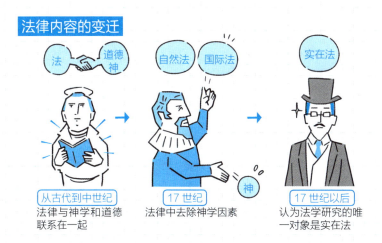

从古代到中世纪	17世纪	17世纪以后
法律与神学和道德联系在一起	法律中去除神学因素	认为法学研究的唯一对象是实在法

格劳秀斯

1583—1645年，荷兰法学家。他以自然法为基础，为国际社会认可的国际法打下根基，被称为国际法之父。其肖像被用在荷兰纸币上。

国际法

规定国家间关系和行为的法律。它在规范国际社会秩序方面发挥作用。

从实证法学到法理解释

随着近代社会的发展，自然法理论的地位大不如前，发展速度也有所减缓。取而代之成为主流的是实证法学，它认为法律与道德没有必然联系。这表明了人们关注的焦点转到了由人制定的实在法上，并对此展开研究。

但是，如果我们只关注实在法，那么一旦发生的事件超出了法律条文的规定，它就会变得无法可依，难以通过法律做出判断。对此，美国法哲学家罗纳德·德沃金认为人们可以通过"解释"的方法来解决这个问题。法律是正义、公平，是社会和群体追求的共同的价值观和原理，他将抽象的法律体系条文创造性地运用到具体的法律解释中。

遵循法律，实现法律原则

在德沃金的"阐释学"法理论中，他认为人们通过解释法律体系中的历史习惯，从而获得对法的理解。例如，"法官"指的是对法律体系做出解释、理解法理，并根据法理做出判决的人。德沃金主张，人们接受法律的合法性，意味着他们成为

 词语解释

实证法学

认为法律只包括国家制定的法律、法院适用的规范等，除了这些实在法之外，其他都排除在法律之外的观点。

罗纳德·德沃金

1931—2013年，美国法律学家。他同时还活跃于政治哲学领域，批评实证法学，主张阐释学法学。

阐释学

法律理论之一。它认为法律并不是预先存在的，而是法律工作者的解释。

谋求实现法理和法律价值观的共同体的一分子。

　　法律对个人自由增加了限制，但也保证了人们的平等和各种权利。人们遵守法律，就必须担负着实现法律原则和价值观的责任，这样人们就能为了实现法律原则而组成真正的共同体。我想在这里大家大概可以找到"为什么必须遵守法律"的一种答案。

关于法律的不同观点

　　在法律问题上，有时个人可能会与社会或国家产生冲突。例如，站在历史角度看，有时人们感到某些法律和政策是违背正义的。对于此种情况，美国思想家**梭罗**（Thoreau）指出，没有必要强制人们遵守法律，而且有时人们可能因履行"人类义务"而对抗法律。

　　此外，法国社会学家**埃米尔·杜尔凯姆**（Emile Durkheim）认为，从社会学角度来看，犯罪是社会不可或缺的一部分，因为犯罪会影响人类的集体意识。他还认为，法律给予的惩罚也会加强人类的集体意识。可见，人们对于法律及其解释方法有各种不同的观点。

梭罗

1817—1862年，美国思想家，作家，诗人和自然科学家。他参加过超验主义运动，他的《瓦尔登湖》一书在世界各地广受好评。

埃米尔·杜尔凯姆

1858—1917年，法国社会学家。他致力于发展综合社会学，并将社会学确立为一门学科。他秉持方法论上的集体主义立场。

为什么不能杀人？

"为什么不能杀人"是一个法律的扩展问题。法律中有**谋杀罪**（译者注：对此罪的命名，不同的国家或地区有所区别，此处仅用统称），禁止杀人。但是它没有给出禁止的明确理由。

在某些国家或地区，法律认可死刑制度的合法性，也就是说，法律允许国家以正义的名义杀人。因此，杀人是一个很难界定的问题，不能简单地说"因为法律禁止谋杀就不允许杀人"。

杀人剥夺了他人的尊严，是一种不可饶恕的行为

近代最伟大的哲学家之一康德赞成**死刑制度**。他认为"杀人者必须偿命""谋杀或者自杀等行为将人当作了目的的工具，破坏了人的尊严"，夺人性命是践踏他人尊严的行为，其代价只能由犯下这一罪责的人用生命来承担。

他对《汉谟拉比法典》的复仇概念做出了解释，"如果你夺取他人东西，你的也会被他人夺取，所以杀人就必须偿命"。

 词语解释

谋杀罪
杀人之罪。在大多数国家，谋杀被普遍定义为严重犯罪。但是，每个国家或地区对细节的处理方式有所不同。

死刑制度
目前，约有70%的联合国成员国"废除"或"事实上废除"（该制度仍然存在，但已有多年没有实行）死刑。

在历史上杀人常常被合理化

同时，还有人赞同，如果为了挽救更多人，不得不牺牲少数人的生命的观点。基于"**功利主义**"思想，在某些情况下"不能杀人"这一绝对命题可能会发生变化。例如，第二次世界大战期间，美国人认为"为了挽救更多人的生命，不得不牺牲少数人的生命"，于是，在日本投下原子弹，并对东京进行了空袭。

针对死刑制度和功利主义，有人提出这样的疑问：在本应人人平等的生命面前，强行地划出一道分割线，是否合理？

无休止的"杀人"哲学

死刑真的可以吗？

为了大多数人而杀掉少数人？

为了不被杀而去杀人，不可以吗？

功利主义

认为为了"绝大多数人的最大幸福"而做出的选择，在道德上是正确的理论。英国哲学家边沁在18世纪将这一理论体系化，但很多人对此持批判态度。

117

自杀和安乐死难道不是个人自由吗？

概 要

应从社会层面思考
如何维护个人尊严

生命属于谁？多数宗教禁止自杀

很多宗教都有禁止自杀的传统教义。原因是他们相信人类的生命属于神，人类不能自作主张了结生命。例如，**犹太教**禁止教徒自杀，因为它认为人类的生与死都属于上帝。犹太律法**《塔木德经》**规定："人类拥有自由的意志，但无权决定自己的生与死。"

在伊斯兰教教义中，自杀者来世将被业火所焚，永世处于痛苦之中，以此来劝诫自杀者。在印度教中，自杀也被认为是一种负面行为。在佛教中，自杀将会给人带来更多的苦难，因

 词语解释

犹太教

信仰耶和华为唯一神的犹太民间宗教。起源于犹太教的一神教（基督教，伊斯兰教）规定，自杀是一种罪过。

《塔木德经》

在希伯来语中有"教训"之意，是讲述犹太教生活规范的书。在犹太教中，这是地位仅次于《希伯来圣经》的经典。其从2世纪到6世纪历经数百年编纂而成。

此也禁止自杀。在天主教的教义中，对自杀的观点也是如此。

自奥古斯丁以后，自杀在基督教中也是有罪的

据说在古希腊、古罗马时期，人们对待自杀的态度比后世要宽容一些。他们容忍自杀行为，甚至认为以自由意志选择自杀是哲学家的行为。

在西方哲学史上，古罗马基督教思想家、哲学家奥古斯丁（Augustine）提出，自杀是一种罪过，因为这是一种杀人。他认为先知摩西的十诫之一"不要杀人"同样适用于自杀的行为。因此自奥古斯丁以后，自杀在基督教中被视为一种罪过。

各时代哲学家的主张

认可自杀是一个国家的损失　亚里士多德

自杀只是一种逃避　尼采

不否定自杀，但是自杀是一种迷妄　叔本华

十诫

上帝赐予摩西的10条戒律。它记录在《出埃及记》第30和《申命记》第5章中。前四诫是关于上帝的训诫，后六诫是关于人际关系的训诫。

阿奎纳解释了为什么自杀是罪?

欧洲中世纪神学家、哲学家托马斯·阿奎纳撰写的《神学大全》，集天主教神学之大成，其中关于自杀的观点在西方引起了巨大反响。

他将禁止自杀的理由分为以下3种。首先，自杀违背了人类与生俱来的自我保护本能，也违背了每个人都应该珍爱自己的道德准则。其次，生命是上帝的恩赐，所以自杀是对上帝的冒犯。最后，人是社会群体的一部分，自杀是对社会群体的犯罪。出于以上3个理由，他主张应禁止自杀行为。

如上所述，生命是神圣的，许多宗教都禁止自杀行为。但是，对于那些别无选择，在极端窘迫的情况下考虑自杀的人，这些理由难堪大用，因此他的理论引起了很多争议。

如果是为了集体而自杀

自古以来，众多宗教都将自杀行为列为禁忌。但是在某些情况下，自杀会得到社会的认可和称赞。其中之一就是为了集

 词语解释

《自杀论》
杜尔凯姆的著作。该书出版于1897年，当时欧洲自杀率攀升，成为一大社会问题，书中分析了当时欧洲自杀率统计数据，并将自杀分为4种类型进行讨论。

利他型自杀
在遵循群体价值观和规则的社会，个人为服从群体利益的自杀。例如，殉葬、军队中的自杀等。

体利益，而不是出于个人原因选择自杀。

　　法国社会学家杜尔凯姆在其代表作**《自杀论》**中对"**利他型自杀**"下了定义。他认为，"利他型自杀"是为了维持群体规则或者为了群体更好地发展而自杀。在历史上，那些为神或宗教献出生命的行为，也可以看作是利他型自杀之一。

为了理想，积极自我了结

　　在当代日本，哲学家**须原一秀**为了"哲学事业"而自杀的故事广为人知。

　　人们选择自杀，其背后有很多因素，例如，疾病、财务危机、工作问题和人际关系等。但须原一秀的身体和精神都很健康，同时也没有金钱上的危机。

　　他的著作**《生命的自我了结》**记录了他直至生命最后阶段的心路历程。从中可以读到他的自杀是"对人生持肯定态度的自我了结"的观点。他主张人们要按照自己的方式去生活，体会到真正的快乐后，在失去主体性前积极地结束自己的生命。这种积极的自杀行为，在现实生活中并不少见。

须原一秀

1940—2006年，日本哲学家、社会思想家。他曾在立命馆大学和龙谷大学任教。他在66岁时的春天，自我结束了生命。

《生命的自我了结》

须原一秀的遗稿。书中详细记录了他直至"积极选择死亡"当天的心路历程。

主动安乐死和被动安乐死

除自杀外，"安乐死"也存在自我决定权的问题——它是可以自由选择的吗？首先，我们需要明白安乐死大致可分为"主动安乐死"和"被动安乐死"两种形式。

主动安乐死是指人们为了减轻身体上的痛苦，而通过给药的方式直接缩短自己寿命的行为。被动安乐死是人们对于植物人状态的患者，为了不增加其痛苦，不采取积极延长其生命的措施，使其尽快死亡的行为。

当代欧美国家对安乐死持积极态度

在古代，有很多人们选择主动安乐死的例子。据说古希腊允许人们使用毒药进行主动安乐死。

基督教禁止自杀，因此在很长一段时间对安乐死也持否定态度。然而，1975年美国的"卡伦·昆兰事件"引发了人们关于安乐死的争论。如今，在部分欧洲国家、美国的一些州和加拿大已经将安乐死合法化。但日本仍禁止实施主动安乐死，如果医生答应患者安乐死的要求，给患者用药，那么医生将被指控犯有谋杀罪。

 词语解释

安乐死
它的条件是患者存在无法忍受的身体疼痛、即将死亡、无法减轻或去除疼痛，并且患者明确表达自己的意愿。

自我决定权
自行决定自己的事情的权利。医疗行为中对自我决定权的尊重是基本伦理原则之一。

为了保持尊严，是否应该允许安乐死?

然而，"被动安乐死"可以让人保持尊严地自然地死去。它已经被定义为事实上的"尊严死"。目前有些组织正在日本寻求立法保障人有选择安乐死的权利。

什么是适当的医疗措施? 什么是延长生命的治疗措施? 这两者之间很难划清界限，所以也有很多人反对为尊严死立法。在讨论安乐死和尊严死时，我们需要综合考虑患者的知情权、自我决定权和获取足够信息的权利。

死亡是为了谁?

为了节省治疗费，为家庭减少负担

真正为了"自己的尊严"

还是

死亡的自我决定权

卡伦·昆兰事件
卡伦陷入植物人状态，她的父母为她寻求"有尊严地死亡的权利"，要求撤除她的呼吸机。这是关于安乐死的一个重要案例。

尊严死
人在维持人格尊严的状态下迎接死亡。即不接受延长生命的治疗，平静地死去。

第20天

为什么必须保护环境?

地球的可持续性发展
关系到人类的生存

文明的发展使环境问题凸显出来

"知识就是力量"这句格言体现了17世纪英国哲学家弗朗西斯·培根的思想,即"人类可以通过运用'知识'来改造自然"。这一思想成为近代科学的基石,促进了西方文明的飞跃发展。

然而,人类活动的不断发展在自然界中引发了诸多问题。到了20世纪后半叶,文明的发展使环境破坏、资源枯竭等环境问题浮出水面。环境伦理学研究的正是关于人与环境的课题,包括我们未来应如何与自然相处,应采取哪些行动保护自然等。

 词语解释

知识就是力量

基于弗朗西斯·培根思想的一句格言。在此之前,自然科学还是神学的一部分,而培根主张人类可以支配自然,改变自然,从而改善人们的生活。

环境破坏、资源枯竭

气候变化、空气污染、臭氧层破坏、滥伐森林、水资源短缺、能源和资源短缺等。这些问题正在各个领域、各个方面以全球规模不断出现,并且越发突出。

在环境伦理学视角下看待有限的自然

在现代社会，人类文明发展迅速，人类行为对自然造成的影响已接近自然所能承受的极限，不断威胁着人类自身的生存。为了应对全球危机，人类现在要做的就是创建环境保护伦理体系，相互协作，在全球框架内制定和实施相关环境保护政策。

为了践行环境伦理观念，美国生态学家**奥尔多·利奥波德**（Aldo Leopold）提出了"自然生存权"的概念。自然生存权指的是除了人类之外，自然本身也有生存的权利。利奥波德说："如果人类发现土地也有自己所属的团体，大概会更尊敬

土地伦理的思想

公害

保护好它们，防止有人利用它们获取不法收益。

水污染

空气污染

土地也是共同体的一部分，要保护土地！

共同体

▶把土地当作共同体的一部分，尊重土地的尊严

环境伦理学

一门从伦理学视角考察地球环境问题的学科。20世纪70年代，欧美国家的环境遭到大规模破坏，在此背景下诞生了该术语，并沿用至今。

奥尔多·利奥波德

1887—1948年，美国生态学家、作家、森林管理者、环境保护主义者。其著作和"土地伦理"思想对现代环境伦理学产生了重大影响。

它。"这意味着人类不再是万物的中心，只是生态系统中的一分子。这就是<u>土地伦理</u>的思想。

人类脱离地球生态系统便无法生存，因此应该尊重自然，把包括自身在内的大自然和整片大地当作一个不可分割的整体，不断探索和谐共生之道。

实现全球可持续发展目标

更为重要的是，我们必须意识到要让地球的自然环境和资源能够**可持续发展**。直到20世纪上半叶，人们还认为大气、能源、原料、森林等资源是取之不尽用之不竭的，于是人类活动肆无忌惮。

不过，从20世纪下半叶开始到现在，人们意识到，为了让人类在地球上能够继续生存下去，就必须想办法，使地球的自然环境、资源、生态系统获得可持续性发展。于是，国际社会制定了共同的行动目标，即联合国**可持续发展目标**（Sustainable Development Goals，简称SDGs），呼吁各国团结起来，共同致力于自然环境的改善！

 词语解释

土地伦理

利奥波德提出的环境伦理思想。他认为人与自然之间的关系不是"支配和被支配"的关系，而是体现生态系统内在价值的"生态学上的平等关系"。

可持续发展

正确处理自然资源的消耗和环境污染问题，使人类活动能够长期维持下去。要在不损害子孙后代利益的前提下满足当前的需求。

为后世子孙负责的代际伦理观

环境伦理学的重要观点之一就是**代际伦理**，这一观点认为，生活在当代的人们，需要为子孙后代的生存环境问题负责。

环境问题牵涉两大人群：一是决策和采取行动的人群，二是与行动有利害关系的人群。当今，大气和土壤遭到污染，资源即将消耗殆尽，承担这一恶果的将是我们的子孙后代。而他们即使遭受了伤害，也无法对加害者（当今的人们）提出申诉。因此，人类需要为子孙后代着想，保护好我们赖以生存的环境。为了一时的经济发展和生活幸福，以牺牲环境为代价，这一代际伦理问题仍在频频发生，"活在当下"的思想也表露了人类罪恶的嘴脸。

可持续发展目标　17个

消除贫困	缩小差距	消除饥饿	可持续城市和社区	良好健康和福祉
负责任的消费和生产	优质教育	气候行动	性别平等	
水下生物	清洁饮水和卫生设施	陆地生物	廉价和清洁能源	
和平、正义与强大机构	体面工作和经济增长	促进目标实现的伙伴关系	工业、创新和基础设施	

可持续发展目标

2015年议定的全球目标。为建立公平、可持续发展的社会，联合国制定了17个目标来解决全人类面临的问题，包括贫困、饥饿和气候变化等。

代际伦理

当代人应该为子孙后代负责的观点。环境和资源问题是当代人造成，而由子孙后代承担恶果的问题，因此代际伦理思想受到了社会的关注。

这种代际伦理问题，现在正面临着很多难题。当前环境遭到破坏后，它的影响会滞后一段时间才得以显现出来。同样的道理，采取保护环境的行动，其效果同样存在时间上的滞后性。另外，保护环境需要花费大量资金，而发展中国家正面临着饥饿、贫困等紧要问题，有限的资金是用于改善子孙后代赖以生存的环境问题，还是用于解决当代人迫在眉睫的生存问题，人们对此持有不同的意见。

赋予地球至高无上地位的地球整体主义

"地球整体主义"也是环境伦理学的基本思想之一。这种思想认为，地球是一个有限的世界，资源也是有限的，因此人们应始终优先考虑它的资源和环境问题，使人类可以一直在这个地球上生存下去。

地球整体主义认为地球是绝对的，有人甚至主张为了维护地球的安全，可以限制个人、集体的欲望或自由。当这种思想陷入极端时，甚至会演变为环境法西斯主义。因此，如何在造福人类和保护地球资源之间保持平衡，仍是我们今后一段时间要面临的一大课题。

 词语解释

地球整体主义
环境伦理学的基本观点之一，将地球视为一个封闭的有限世界。为了整个地球，需要在某种程度上限制个人和群体的欲望和自由。

环境法西斯主义
优先保护地球和生态系统而不是个人权利和生命。常用于作为一种偏颇的思想受到批判时。

在地球生态红线中，气候变化问题最为紧迫

当今，世界各国正在积极合作以应对环境问题，这一行为的理论基础正是"**地球生态红线**"（Planetary Boundary）概念。为了保护地球环境，人们划出了"在保持地球稳定状态的前提下人类可开展的活动范围"，将其科学量化后，可分为9大项目，这就是"地球生态红线"。

有人指出，在这些项目中气候变化、生物多样性、土地利用状态变化、生物化学地球循环这4项正在走向危险区，迫切需要人们采取对策加以改善。

其中最严重的是"气候变化"问题。如果世界各国不采取合作措施优先应对气候变化，那么，全球的社会和经济发展可能会陷入停滞状态。另外，上面提到的这些项目彼此间相互影响，因此必须采取综合措施加以应对。正如黑格尔所说，"**密涅瓦的猫头鹰**只有在黄昏的时候才起飞"，哲学是对已经发生的事实的总结。20世纪兴起的环境伦理学也将成为一种哲学，让人们理性地面对环境发生的空前变化，帮助人们构建现代语境下的自然与人类的关系。

地球生态红线

以气候变化、臭氧空洞、大气污染、海洋酸化和全球淡水资源利用等9个项目为代表的可量化性的地球生态安全界线。

密涅瓦的猫头鹰

密涅瓦是罗马神话中的智慧之神，而猫头鹰是其象征。这句话意味着一门学科在其所处时代结束时才会拥有一个相对成熟的体系。

未来人工智能可能拥有情感吗？

概　要

人工智能的开发和发展让
我们重新审视人的特性

现在的人工智能尚不能与人类相提并论

人工智能的发展令人瞩目，人们不禁要问"人工智能会不会像人类一样富有情感？"

不过，它虽称为"人工智能"，但是它们目前仍然不具备人类独特的能力和特性。现在人们所说的人工智能，只是语音识别技术和图像处理技术等人工智能技术而已，至于未来是否会出现与人类毫无二致的人工智能，这一问题仍然颇具争议。

 词语解释

专用型人工智能

专门在某一领域发挥作用的人工智能。指在特定条件下发挥作用的人工智能，例如，进行计算和玩象棋。目前出现的人工智能都是此类专用型人工智能。

通用型人工智能

AGI（Artificial General Intelligence），具有"自主学习"能力的人工智能。其用途广泛，可在任何领域处理信息。

人工智能有两种："**专用型人工智能**"和"**通用型人工智能**"。专用型人工智能是指具有某种专业能力的人工智能，例如，图像处理、音频处理、语言处理等专业功能，这是目前人工智能应用最多的类型。通用型人工智能可以根据给定的信息进行自主学习、判断和应用，它们有可能超越人类智慧。

深度学习使人工智能更接近人类思维，然而……

人工智能有"**机器学习**"和"**深度学习**"两种学习方法。机器学习是对数据进行反复演算，并从结果中找到一定模型。根据这一模型，我们可以对未知事物进行预测。深度学习是指使用模仿人类神经回路的系统，从多个层面深度学习数据特征，这种方法更接近人脑，近来广受关注。人类的情感是大脑工作的产物，人工智能能通过深度学习来领会人类的情感，并且将其表现出来。在这一趋势下，在不久的将来，或许会出现拥有情感的人工智能。

但是，人工智能的情感完全等同于人类的情感吗？

机器学习

计算机（机器）的一种学习方法。能对输入的信息进行分类、而后分析处理，并将该处理方法用于其他数据的分类和分析方法。

深度学习

计算机自动从大量数据中提取和学习数据特征的方法。使用这种方法，计算机可以自动判断如何使用数据。

心是何物？人工智能是否可以拥有"心灵"？

心灵的一个根本特征是表象。

表象是指用其他的具体事物来表示某个抽象事物的方法。对于心灵来说，表象是指"内心的想法和欲望表达的含义"。例如，当你想吃布丁时，此时的心理状态正在表达"想吃布丁"的愿望。

但是，人类经常会因看错而持有错误的表象，或者表象某种实际不存在的东西。例如，你感觉有只白猫过来了，但是却发现那只是一只白色塑料袋。"塑料袋"这一原因，和"有一

表象事物　被表象事物

表象事物=结果

想吃布丁！

心理状态

被表象事物=原因

原因 = 结果

"想吃布丁"的欲求

一只猫！

心理状态

原因 ≠ 结果

白色塑料袋

 词语解释

表象

原词是representation。当思考我们面前的事物时，该事物会在我们心中重（re）现(presentation)。

只猫"这一结果，在内心的表象不一致。

这种错误无法用 因果关系 解释清楚，它是人类内心的一个特点。人工智能的物体识别能力远超人类，不会认错眼前的物体，从这一角度来说，人工智能的"内心精度"凌驾于人类之上。"心灵"或许是一种独特的东西，人们在思考人工智能是否有"心"时，或许应该重新审视一下心灵的定义。

人工智能和人类之间的差别是"焦虑"和"欲望"

此外，"焦虑"和"欲望"是人类内心特有的活动。与其他生物不同，人类是唯一对未来感到焦虑，对知识、文学等无关生死的事情抱有欲望的动物。在现阶段，人工智能也可以掌握学习的能力，获取知识并付诸行动。但是人工智能可以学会焦虑和欲望吗？退一步讲，即使人工智能同人类一样也有自己的感情，那么它的这种感情是来自内心的吗？

还有一种理论认为，到2045年，人工智能将出现"**奇点**"，那时人工智能的智慧会全面超越人类智慧。我们无法断言，人工智能的智慧超越人类之后，它是否还要通过超强学习能力来学习构成人类内心的要素。如今人工智能的发展速度之快远超预期，让人目不暇接。

因果关系
两个或者多个事物之间是原因和结果的关系。"把心灵当作物质的一元论认为，心灵根据自然界的因果关系来感知所有事物。"

奇点
美国人工智能研究人员雷·库兹韦尔提出的人工智能智慧超越人类智慧的瞬间。但是，该定义仅限于人工智能在特定条件下的计算能力。

货币的价值在哪里？

它是一种具有可靠性
和安全性的通货

货币的发明，为人类提供了无与伦比的便利

在远古时代，人们靠狩猎为生，捕获的猎物容易腐烂，所以很难长时间储存或者用于交换。后来，人类发明了"货币"，可以拿它来积累财富，或者缴纳年贡（税金），使用起来非常方便。货币不同于食物，它可以长期保存，携带也很方便，还可轻松分成很多小份。

日本目前通行的货币——日元钞票由日本国家中央银行——日本银行发行，值得人们信赖，其面值与其购买力相当，但就钞票本身来说，它只是一张纸。这一神秘的"货币"一直吸引着人们的目光，成为人们长期思考研究的对象。

 词语解释

《国富论》

亚当·斯密的著作，于1776年出版，它被后人视为现代经济学的起点。当今的观点是，该书提到的"物物交换经济"在历史上是不存在的。

两种需求的统一

物物交换要成立，需要满足两个条件：对方想要的，正是自己所拥有的；而自己想要的，也正是对方所拥有的。

物物交换与上帝的无形之手

亚当·斯密是18世纪英国著名的经济学家和哲学家。在工业革命兴起，西方迈入资本主义社会之时，他对货币问题进行了各种思考。他在《国富论》中考察了货币问题。他认为，在物物交换中，人们很难找到合适的交易对象（**两种需求的统一**），为了解决这个问题，更为方便的媒介物——"货币"诞生了。

此外，亚当·斯密将市场的自动调节功能比喻为"**看不见的手**"，认为一旦进入市场经济，所有商品的价格都会根据市场情况自然形成。

"看不见的手"理论

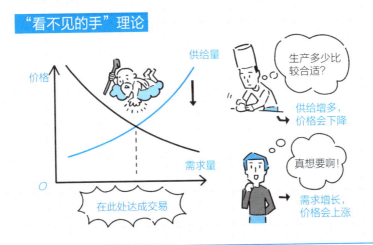

看不见的手

亚当·斯密在《国富论》中的观点。大意是，如果人们各自追求自己的利益，市场经济将启动自动调节功能，从而实现整个社会的共同利益。

马克思认为货币是一种特殊商品

19世纪的马克思经济学认为，商品具有两种价值：一种是通过消费直接满足消费者需求的"使用价值"；另一种是通过定量的方式，表示可供交换的商品的"交换价值"。其中，货币是一种非常特殊的产品，它可以兑换任何商品，因此又被称为"一般等价物"。

正因如此，人们才认为货币本身就有价值。马克思称此为"物化"，例如，自发的储蓄行为等。

没有实体形态的"虚拟货币"，其本质是什么？

那么，我们应如何看待最近几年成为通货的虚拟货币（比特币等）呢？虚拟货币仅用于电子数据交换，并没有纸币或硬币的形式，也不是由国家发行的。既然这样，它的价值在哪里呢？

货币的通行是因为在特定群体中的人们达成了共识，这些人都会使用这种货币。根据柏拉图和亚里士多德提出的货币法制理论，不对等的"商品"和"货币"难以完成交易。只有当特定群体中的人们同意"将其用作货币"时，才有可能实现它

 词语解释

马克思经济学

马克思提出的政治经济学原理。他认为资本主义社会高度发展后，必然迎来社会主义和共产主义社会。他的思想对20世纪后的政治思想产生了很大的影响。

物化

马克思的经济学概念。货币只是衡量商品价值的一种尺度，但人们却感觉它本身具有特别的价值。

的货币功能。换句话说,货币的本质是人们达成的共识。

这与马克思把货币看作是特殊商品的理论完全不同。事实上,当前正在流行的虚拟货币更接近"达成共识"的本质。该虚拟货币的价值在使用群体中得到了认可,仅在该群体中具有货币价值。但只要人们达成一致的意见,这种无实体的虚拟币,在今后可能会取得更大的发展。

说不定,今后虚拟货币会拥有庞大的网络,其作用会凌驾于国家发行的货币之上,把货币作为看得见的商品的时代,可能很快就会成为过去式。

虚拟货币的价值"本质"是什么?

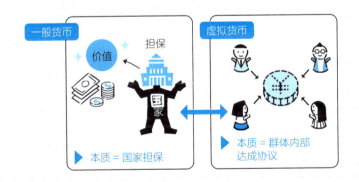

一般货币
价值 担保
国家
▶ 本质 = 国家担保

虚拟货币
▶ 本质 = 群体内部达成协议

虚拟货币
仅存在于数字数据中,且不是由特定国家或地区发行的货币。它首次出现于2008年,现在世界上有数千种虚拟货币。

货币法制理论
认为不同的商品之间无法交换,所以如果没有国家的制度担保,货币将无法发挥作用的理论。

性别价值观

需要纠正自古以来的性别成见

性别间存在生物学和社会文化方面的差异

"男性可以……""女性不可以……"这样的话，你接受吗？在讨论男女之间有何不同时，我们需要从**生理性别**和**社会性别**两个方面来分析。生理性别指的是生物学意义上的男性（**性染色体**为XY）与女性（性染色体为XX），社会性别指的是社会文化层面的男性与女性。

生物学意义上的性别差异（生理性别）是与生俱来的，具体来说，指生殖机能的不同、激素分泌量的不同导致的人体外观上的差异。社会性别上的差异，是在生物学性差异的基础上，进一步体现在社会的、文化上的性别差异。

 词语解释

生理性别

生物学意义上的男女、雌雄之别。对于人类而言，男性具有XY染色体，女性具有XX染色体。

社会性别

不是与生俱来的生理差别，而是在某种社会和文化环境下形成的性差别。由社会、文化塑造而成的男女性别差异。

纠正性别成见

人们生活在一定的社会和文化中，可能会受到该社会、文化中固定观念的束缚，而本人却对此毫无察觉。"男性气质"和"女性气质"这种价值观就是一个很好的例子。

法国哲学家笛卡儿曾尝试用"怀疑论"方法来探究哲学原理。这一思想体系的目的是找到一个能超越社会和文化的差异，适用于所有人的普遍真理。我们也可以使用这种方法，怀疑既有的性别价值观，纠正自己的旧观念，这未尝不是一件好事！

周围环境强加于人的性别价值观

明明喜欢可爱的东西，却被周围的人灌输"男孩子要有'男子气概'"等观点

无意识间被灌输了性别价值观，自己也会遵照这种价值观行事

性染色体

在具有雌雄之别的生物中决定性别的染色体。染色体是一种携带并传递遗传信息的生物物质。

波伏娃关于女性主义的观点

法国哲学家**波伏娃**（Beauvoir）在她的**《第二性》**一书中指出，"女人不是生下来就是女人，而是后来才变成女人"，"女性之性"是由社会和文化造成的。

她认为，受社会文化的影响，女性从小就被告知要通过"穿裙子、化妆"变得"有女人味"。男性气质、女性气质这种价值观，是人们后天受社会影响形成的标签。波伏娃是**女性**

"性"的变迁

"女性气质"这一压力催生出社会性别

进而

波伏娃

巴特勒

有的人对自己与生而来的性别感到苦恼

要模糊男女之间的性别界限

 词语解释

波伏娃

1908—1986年，法国思想家、作家、评论家和女性主义活动家。她著有《第二性》，是20世纪女性解放思想的开创者。

《第二性》

波伏娃的著作，于1949年出版。这本书从历史角度考察了女性待遇问题，现在被奉为女性主义的经典。

主义的先驱，在她的影响下，后世有很多人致力于女性主义运动和研究。

　　一个人，或为男性，或为女性，这是人类与生俱来的特点（本性）。历史上，人们一直认为女性不如男性，他们认为"男性具有主体性、普遍性、完全性、客观性的特点，而女性具有他者性、特殊性、劣等性和主观性的特点"。波伏娃批评了这种观点，她认为，其实这些特点并非男性或女性天生固有的，而是男权社会强加于人的。

对传统女性主义提出质疑的巴特勒

　　美国哲学家朱迪斯·巴特勒（Judith Butler）质疑了波伏娃的社会性别理论。她认为传统女性主义的"在生物学上男女是平等的，所以男女在所有事务上都应该平等"这一观点过于僵化，因此她尝试用后结构主义的观点重新审视女性主义。

　　如果我们认可了生物学意义上的性别差异，就会排斥与之相悖的性别问题，比如同性恋。因此，巴特勒主张重新审视女性主义关于"生理性别"和"社会性别"的问题，考察它们是不是不证自明的。同时，她还尊重因性别差异被排斥的个体多样性。

女性主义

谋求改善女性地位、消除性别歧视的社会运动的总称。这一社会运动的目标是，在社会中每个人都可以平等地行使自己的权利，而不受性别歧视的影响。

朱迪斯·巴特勒

1956年至今，美国哲学家。她认为"社会性别"和"生理性别"都是由社会文化所塑造的，她反对男女"二元对立"的性别观。

今天，性的多样性观念逐渐被人们接受

性别有两种表现形式：一种是"生理性别"，指的是人的生物学性别；另一种是"社会性别"，是受到后天社会文化影响所形成的性别。在人类社会中，生物学性别和主观性别有时并不一致。

性的多样化，正在逐渐被人们接受，社会正在逐渐变得更加多元化。

各种各样的性别认知

▶ **TS** Trans Sexual
（变性手术）

FTM/MTF
身体和内心性别相反的人

FTX/MTX
无法确定性别、既非男性也非女性的人

▶ **TG** Trans Gender
（不做手术，但按照异性方式生活的人）

▶ **TV** Trans Vestite
（穿着生理上异性的服装生活）

※ 此处仅举 1 例，除此之外还有很多类型。

▶ 不同组合带来不同的性别认知

 词语解释

有人说，哲学也以男性为中心

在众多文明中，男人大都被看作上等人，而女人则被看作是下等人。长期以来，在欧美的社会和文化中，也多以男性为主导。这种男尊女卑的偏见，影响的不仅仅是女性的地位和待遇。

在**西方哲学**中，总体来说，有一种重**理性**轻感性的倾向，有人认为其中掺杂了男性中心主义的观念。因此，今后构建和发展新的哲学命题或思想时，要充分考虑到这一点，摒弃其中隐含的偏见。

另外，尽管性别多样化问题已经被社会所接受，但"男性气质、女性气质"等僵化的概念仍在被人们和媒体广泛传播。

例如，"粉红色是女孩子的颜色""男人应该有判断力""因为你是女人，所以结婚后就应该待在家里抚育孩子"和"约会就应该由男人买单"等观点都含有僵化的性别观。

人们需要纠正社会的，以及个人思想中的"男女"价值观，重新审视男女性别差异，及时改正自己的错误观点。

西方哲学
一种哲学体系，起源于公元前的古希腊，在西方吸收了中世纪的神学，并在世界范围内传播，影响了多个领域。

理性
康德认为，以前的哲学试图仅凭理性来回答超自然的存在和抽象概念，但最终并未奏效。他的著作《纯理性批判》探讨了这一问题。

第24天

战争会消失吗？

概　要

实现和平取决于
我们每个人做出正确的判断

国界线消失，世界就会和平吗？

约翰·列侬（John Lennon）在其歌曲《Imagine》中表达了他对没有杀戮的和平世界的向往。古代斯多葛学派已经出现了"人类生活在同一个世界中"的思想。他们自视为世界主义者（世界公民），不分国家和种族，人类都是同胞兄弟。而在今天，跨越国界的全球化正在快速发展。

但是，国家之间的冲突仍在继续，例如，2001年美国发生恐怖袭击之后使用武力的反恐战争等。"末日时钟"显示，截止到2019年，核战争使人类灭绝的时间还有2分钟。那么，未来战争会消失吗？

✏ 词语解释

约翰·列侬

1940—1980年，英国歌手、吉他手。甲壳虫乐队成员之一。《Imagine》作为一首呼唤和平的歌曲广为人知。

末日时钟

为了警告世人核战争的危险性，美国学者于1947年设立的、显示人类被毁灭前的倒计时时间。科学家和政策专家根据世界安全局势，会将分针拨快或拨慢，以此提醒世界警惕核危机和战争风险。

自由的国家联盟比单个国家更有意义

如果国界消失，世界成为一个国家，就不会有战争，永久的和平就会来临。这是一个美好的愿望，但是康德对此持反对意见。

康德指出，一个太大的国家终究会再次瓦解。即便可以建立一个统一的世界性国家，那也势必会出现一种特定的文化和价值观，并且它们会被强加于人，剥夺人们的自由和多样性。他认为，和平应该通过不同国家的自由联盟来实现，这一构想对"一战"后国际联盟的成立产生了重要的影响。

战争不断，是人类的自然状态

托马斯·霍布斯说，除非受到公权力的限制，否则人类之间的战争将会永无停歇。康德也指出，人类有邪恶的一面，如果不加限制任其发展，他们就会为了自己的利益发动战争。和平不是靠等待得来的，必须以理性和意志来争取。

为了遏制人类邪恶的一面，实现和平，就需要制定必要的规则以约束各国。康德提出了6项"**永久和平预备条款**"和3项"**永久和平正式条款**"，以期约束各国，实现国际间的和平。

国际联盟

1920年成立的一个国际组织，旨在维护世界和平与推动国际合作。它于1946年解散，期间共有63个国家加入。目前，其作用已转移至联合国。

永久和平预备条款、永久和平正式条款

康德在其1795年的著作《论永久和平》中提出的实现和平的方法。书中总结了各个国家为实现永久和平应遵循的具体规则。

禁止干涉他国内政，废除常备军

那么，康德考虑的规则具体是指什么呢？例如，"永久和平预备条款"规定："任何一个独立自主的国家，不论大小均不得由另一个国家用继承、交换、买卖或赠送的手段收为己有。"此外，还有"任何国家与他国交战时，都不应采取使未来和平条件下建立互相信任成为不可能的卑劣行动""国债不应用于国家对外斗争方面""任何国家都不应用暴力干涉其他国家的内政""国家常备军应当逐步直至完全废除"等条款。

康德解释说，实现永久和平并非无稽之谈，而是一个人类始终为之努力的目标。在今天，人们应该重新思考并认真讨论

什么是"永久和平状态"？

不得将一个国家据为己有或转让给其他国家

多个独立国家根据相互协议组建起和平联盟

 词语解释

西格蒙德·弗洛伊德

1856—1939年，奥地利精神科医生，精神分析学的创始人。他通过分析人的潜意识中隐藏的情绪和记忆来治疗精神疾病。

冲动

驱使人类采取行动的无意识的想法。弗洛伊德认为，人类内心存在两种互相矛盾的本能冲动，分别是"生的本能"和"死的本能"，这两种冲动互相作用导致人类的各种行为和精神疾病。

康德的提议。

人类内心深处潜藏着渴望战争的心理

谁都不想自己或家人在战争中死去，但战争自古以来从未停止，人们似乎有一种"渴望战争的心理"。康德虽然提出了和平的主张，但是他仍然能够从战争中看到一种美，他认为那些在战争中勇敢战斗的人，比在和平中追逐私利的人更加崇高。

精神科医生**西格蒙德·弗洛伊德**（Sigmund Freud）认为，人类有一种天生的毁坏**冲动**。根据他的分析，人类有两种本能冲动。一种是"生的本能"，它的目的是个体和种族存续；另一种是"死的本能"，它是一种攻击和破坏性力量。这两种本能力量共同作用，使人们产生了各种不同的行为。

人们无法消除任何一种本能冲动的力量。弗洛伊德在给物理学家**爱因斯坦**的一封信中说，为了阻止战争，人们应该提升理性思维，控制自己的死的本能，同时还要唤醒爱神，在人与人之间建立起心灵的纽带。

投身和平运动的哲学家们

一提起哲学家，人们大概会在脑海里浮现出一个手捧专著

爱因斯坦

1879—1955年，出生于德国的理论物理学家，发表了大量物理学史上的开创性论文。他参加了曼哈顿原子弹研发项目，但"二战"后致力于和平运动。

正在认真阅读的学者形象，或者是一个正在为学生们做演讲的辩论家形象。虽然他们会思考战争与和平的问题，但实际上投身和平运动的哲学家少之又少。不过，的确有一些哲学家在行动，比如罗素。他参与了反对第一次世界大战的运动，还飞赴世界各地参与各种反战运动，例如，致力于避免古巴危机的活动和反越战运动等。1955年，当美国、苏联正忙于氢弹试验竞赛时，罗素和物理学家爱因斯坦一起起草并发表了反战宣言（《罗素–爱因斯坦宣言》），呼吁各国废除核武器、和平利用科学技术。

萨特也积极参与致力于和平的社会运动，而不是保持中立。1966年，他与搭档波伏娃共同访问了日本广岛，并与原子弹爆炸后的幸存者谈话。

不被宣传所蛊惑，做出自己的决定

对一个国家发起战争前，滋事方必会寻找一个"合理"的借口。历史学家**安妮·莫雷利**（Anne Morelli）指出，战争期间的公众宣传（政治宣传）采取的都是同一模式。战争发动者在演讲时会说"我们将为正义而战"，"谁对战争有所怀

 词语解释

安妮·莫雷利

1948年至今，比利时历史学家。她在著作《Principes éLementaires de propogande de guerre》（《战争宣传的基本要素》）中，考察了过往的政治宣传，警告人们不要完全相信战时的政治宣传。

疑，他就是国家的叛徒"，通过这种方式来阻止人们对战争的异议。他们还会将对方的攻击称作"恐怖主义"，而将己方的攻击称作"作战行动"。多起恐怖袭击事件所引发的美国对外反恐战争，比如伊拉克战争等，也使用了此类说辞。对此，美国哲学家**乔姆斯基**（Chomsky）批评说："为什么美国成为恐怖主义袭击的目标，对此美国大众媒体并没有进行正确报道。"

要防止战争的发生，人们要看到问题的本质，而不是盲目听从政治宣传。我们每个人都应具备一定的**媒体素养**和思辨的能力，可以批判性地解读媒体信息。

伊拉克战争中的政治宣传

"9·11"恐怖袭击是伊拉克干的！

伊拉克是对美国最紧迫的威胁！

半数以上的美国国民认为政府应该干预伊拉克事务。

乔姆斯基

1928年至今，美国哲学家和语言学家。他提出的"生成语法理论"，引发了语言学革命，同时他也是反战活动家。

媒体素养

取用、理解及制造媒体信息的能力，这些媒体包括互联网、电视和报纸等。

你是怎样思考的？
——哲学思想实验

通过大脑进行的实验称为"思想实验"。在哲学领域的很多思想实验中，往往思考得越多越无法得出答案。下面，我为大家介绍3个著名的思想实验。

·哲学僵尸

某种假设性存在者，他"可以与人进行交谈，具有社会性，符合生物学上正常人的定义，但没有主观意识和感受性"。人们每天都向外展示着自己的情绪，但是自己之外的其他人有可能是"没有情感和感觉，只是机械地处理外部信息"的哲学僵尸。我们无法知晓其他人内心所想，因此无法证明哲学僵尸不存在。这就是"哲学僵尸"的思考实验。

·忒修斯之船

如果构成某事物的要素被替换后，还是同一事物吗？这一

思想实验的源头是哲学家们对忒修斯之船的讨论。忒修斯之船来源于古希腊神话。古希腊英雄忒修斯乘坐的船被人们保存下来，随着时间流逝，船板逐渐腐朽，每块船板腐朽都会用新的来替代，这样到了最后如果更换最后一块旧的船板，"那艘船是否还是那艘船？"

·缸中之脑

将大脑从活人身上摘取下来，浸入特殊的培养液中，将神经细胞连接到计算机上，通过电磁刺激来操作脑波，就会产生与普通人相同的意识并构建虚拟现实。我们无法证明自己不是在这种困境之中，现在自己看到的世界只不过是来自计算机构建的虚拟现实，真正的自己只剩下这个残存的大脑。

这些思想实验可以揭示事物本质。你是怎么想的呢？

"平等"和"自我牺牲"永远是珍贵的吗？

概 要

什么样的平等
和自我牺牲才是宝贵的？

即使到了21世纪，社会中仍然存在根深蒂固的不平等现象

在"**性别差距指数**"排名（2019年版）中，日本在153个国家中位列第121位。此外，根据对日本东京大学的学生的调查，他们中家庭年收入950万日元（相当于60万元人民币）以上的占60％。由此可见，日本家庭之间的经济差距可导致教育机会不平等问题。

在今天，我们身边仍然存在着性别、贫富、种族、国籍等方面的不平等现象，任凭自己再怎样努力也无济于事。而优待弱势群体，努力改变不平等现象，往往会被人视作"狡猾""仇富"。

 词语解释

性别差距指数

世界经济论坛（World Economic Forum，简称WEF）的调查数据。它是显示性别差距的指标，主要用来评估在政治、经济、教育和卫生4大领域内男女之间的差距情况。

那么有没有所有人都认可的,能够实现真正平等的方法呢?

戴上"无知的面纱"来思考

为了实现平等,人们提出了众多想法。其中就有**罗尔斯**(Rawls)提出的"**无知的面纱**"理论。假设我们即将要出生在当今社会上,并且我们可以制定社会规则,但不知道自己将出生在什么样的家庭,也不知道自己有什么特长。在这种情况下,我们会尽力制定一个平等的社会规则,以保证无论自己出

无知的面纱

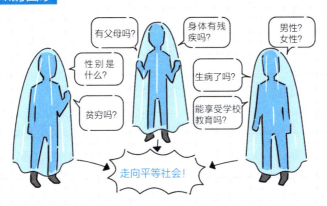

罗尔斯

1921—2002年,美国哲学家。在20世纪60—70年代,席卷美国的民权运动和越南反战运动中,他通过著作《正义论》提出了公平的正义理论,诠释了社会正义的实现条件。

无知的面纱

罗尔斯在《正义论》一书中提出的思考公平社会规则的前提条件。他认为,在自己有可能身处弱势的前提下,才能提出公平的社会规则。

身于什么家庭，都不会身处不利地位。这个想法是**平权法案**的理论基础。

不能忽略自己的成长环境

迈克尔·桑德尔批判罗尔斯"未知的面纱"认为那是不现实的。他指出，人在出生和成长的过程中，会受到**群体**价值观的影响，如果没有群体的影响，任何人都无法思考或讨论任何事情。

有反对意见认为，反而是在罗尔斯的思想影响下的平权法案缺乏公平性。对罗尔斯理论的评价，各国各地区都有所不同，这也正如桑德尔所说，人类可能无法摆脱他们出生和成长环境中的群体价值观。他进而指出，应该在接受这一观点的前提下，再探讨**集体利益**和公平性的问题。

所谓的自我牺牲，其实是为了自己？

像"平等"一样，"自我牺牲"常常被认为是不容置疑的正确和高尚行为。通常每个人都认为自己才是好的，因此，人们才赞扬那些为他人牺牲自己的行为。

 词语解释

平权法案
积极纠正歧视的措施。为弱势群体提供机会，以实现机会平等。

群体
生活在同一地区，拥有共同利益，并在政治、经济和习俗上有着密切联系的人。主要指社区、家庭、村庄、阶级等，广义上也指国家。

但是,一个人的自我牺牲行为是否完全是为了别人呢?

有的人秉持"为了他人正是为了自己"的观点才对他人好。有的人在意周围的评价,想得到他人的认可,不想让别人觉得自己态度冷淡,所以才去帮助别人。这些行为看似无私,其本质却是为了个人利益的自私行为。

人的行为具有道德价值时,他才是自由的

但是,所有的自我牺牲,本质上都是自私的行为吗?

康德认为,人类的行为可以纯粹出于责任感,人天生知道自己该做什么(**道德律**)。当人们按照自己的好恶行事,或考虑利害关系行事时,就会被情感和利益束缚,从而失去自由。只有超越感情好恶或者利害关系,按照内心的道德法则来履行责任和义务时,人才是按照自由意志在行动。

康德还说,人应该最大限度地尊重自己和他人的人格,不应该利用自我牺牲的手段来获取自己的利益或者达到某种目的。按照这一理论,那些以身殉教的自杀式恐怖分子,他们的自我牺牲绝不是有价值的行为。

集体利益

在各个群体中所有人共享的利益。桑德尔说,人们应该通过对话形式探求群体的集体利益。

道德律

道德行为的一般规范。康德认为人类道德有严格的法则,并致力于追求该法则。

在人权受到威胁的战争中，为了他人的自我牺牲

　　第二次世界大战导致大量士兵和平民死亡。其中，纳粹德国对犹太人的迫害和屠杀政策是一种反人权的、异常残酷的国家政策。

　　据说在关押犹太人和波兰人的<mark>奥斯维辛集中营</mark>，被关押在里面的人们每天生活在死亡的威胁中，自顾不暇，无力照顾别人。但是，即使在这样的环境中，仍然出现了一位忠实于基督教精神，且勇于自我牺牲的人，他就是<mark>科尔比神父</mark>。

　　某天，为了惩戒脱逃者，纳粹士兵从人群中随机挑出10人，以连带责任的罪名判处他们被饿死。被选中的一位男性崩溃大哭，喊道："我还有妻子和孩子，我不想死。"此时，科尔比神父平静地说："我是天主教神父，我没有妻子和孩子，所以我想代替这个人死。"

　　科尔比神父的换人提议被纳粹士兵接受，于是包括他在内的10个人被关在牢房中，纳粹士兵不给他们饭食，在两周后他们全部被饿死了。关在其他牢房中的人们常常因为无法忍受饥饿和口渴，发出痛苦的呻吟和惨叫，但是在科尔比神父和其

 词语解释

奥斯维辛集中营

纳粹德国建造的最大的集中营。当时，无法工作的人被关在毒气室里屠杀。在这里，纳粹屠杀了160多万犹太人和波兰人。

科尔比神父

1894—1941年，波兰天主教神父。作为神职人员，他很上进，曾在长崎布道。1982年，作为"传播爱的殉道者"，他被评选为圣人。

他9人的牢房里,却传出了祈祷声和赞美诗的声音。

科尔比神父牺牲自己帮助他人,激励受刑者勇敢面对,并与他们一起承担苦难,这正体现了基督教教义中"人为朋友舍命,人的爱心没有比这个大的"这一精神。他遵从基督教的教义精神和自己的道德心,在人权被践踏的监狱里,以自由意志做出了纯粹的利他行动。

一切在内心深处归于平静,"自我牺牲"是他人的看法

特蕾莎修女也是一个遵从上帝教诲,奉献他人而不顾自己利益的人。她在36岁时得到了上帝的启示:"放弃一切,到最贫穷的人群中工作。"于是,她用自己的一生践行了自己的信仰。

"自我牺牲"一词来自他人的客观评价。不论自己做的事情是否有回报,一切都会在自己内心深处归于平静。《新约》说:"无论何事,你们愿意人怎样待你们,你们也要怎样待人。"这句话是基督教中最重要的道德教义,作为修女的特蕾莎很自然地遵循了这一教义。

认为自我牺牲很"宝贵"的应该是别人,而不是做出行动的本人。如果仅仅想得到别人尊敬而"自我牺牲",那么本质上已经与康德提出的"基于纯粹责任感的行动"理论背道而驰。

特蕾莎修女
1910—1997年,天主教修女。她在世界各地建立了公益设施,保护病人,救护孤儿,于1979年获得诺贝尔和平奖。

世界为什么存在？

概 要

现实世界是不确定的，
对感觉表示怀疑，进入哲学领域

存在于地球上的现实世界

当人们讨论"世界"是何时诞生的之时，这里的"世界"往往指的是地球。地球诞生于约46亿年前。在太阳系中，星尘聚集在一起形成了微行星，这就是地球的原始形态。经历了陨石撞击之后，地球表面被原始大气层覆盖，形成了真正的地球。后来暴雨形成海洋，生命开始出现……这种科学推断，往往听起来很戏剧化，而且过于宏大，与我们的日常生活相去甚远，给人一种不真实的感觉。那么，对我们来说，什么才是真实的"世界"呢？

 词语解释

微行星

星体形成的初期阶段存在的微小天体。由宇宙尘埃聚集而成，直径达数千米。

生命开始出现

在地球上，生命诞生于海洋。早期生物是单细胞生物，陆地适合生物生存时，便进化出了陆地生物，最后出现了人类的祖先灵长类。

现在的世界是由上帝创造的最好的世界

　　德国哲学家莱布尼兹认为，现在这个世界是上帝创造的最好的世界。根据他的理论，事物的存在有3种状态。一种是可能存在的可能性，一种是现在存在着的现实性，一种是只能是这样的必然性。如果我们把地球称为"可能世界"，这就说明可能还有其他的**平行世界**在某处存在着，这意味着除了我们今天生活着的世界之外，宇宙中还有无数其他世界存在，但是我们生活的世界只有一个。因此，他认为，在众多可能的世界中，我们的世界现在正好在这里，这是上帝最好的安排。

莱布尼兹的可能世界

最好的！

现实世界

从无数世界中选出来的"最好的世界"就是我们的现实世界

平行世界

与我们生活的世界和宇宙不同的世界。这是基于宇宙是存在的这一概念而出现的，物理学领域从理论上论述了这种可能性。

　　然而，虽然这个世界是上帝最好的安排，但是世界上仍然有许多人正在遭受自然灾害、瘟疫和战争的折磨。对此，莱布尼茨提出了"这个世界是<u>上帝安排的前定和谐世界</u>"的观点，认为从上帝视角来看，这一切都是有意义的。

通过知觉感受到的主体性环境界

　　平行世界理论包括多世界诠释、多维世界理论等各种学说，很多人都主张存在着无数个世界。德国生物学家、哲学家<u>乌克斯库尔</u>（Uexküll）提出了"<u>环境界</u>"的概念，主张每个生物都生活在不同的世界中。每个生物通过知觉获取的信息完全不同，所以感觉器官不同的物种，它们生存的世界也不相同。而这种通过知觉感知到的世界就是环境界。

　　乌克斯库尔以蜱螨亚纲的蜱虫为例来说明他的理论。他说，蜱虫没有视觉和听觉，但是有嗅觉和触觉，也可以感知温度。对蜱虫来说，它的世界由气味、触感和温度构成。我们人类获得信息主要依靠视觉，而狗则依靠发达的嗅觉，也就是说，每个物种都各自生活在自己的现实世界中。

　　即使同一个物种，如果个体间存在较大的差异，那么个体

 词语解释

上帝安排的前定和谐世界

根据莱布尼兹的哲学原理，即使是从人类的角度来看被认为是不幸的事件，从上帝的长远视角来看也是有意义的。

乌克斯库尔

1864—1944年，德国生物学家、哲学家。不同于达尔文的进化论，他主张生物并不是在自然淘汰和进化的过程中逐渐适应环境的，而是所有的生物都是在不断地适应环境。

间差异导致的感知差异也会很大。例如，我们人类之间就有较大的个体差异，所以仅就知觉来说，有的人对温度和气味比较敏感，有的人很容易受到声音和光的影响，再考虑到心理和性格的话，人与人之间的差异就更大了。可以说，有多少人就有多少世界（环境界）。

这个世界是梦幻还是现实？

中国古代思想巨著《庄子》中有一则著名的《庄周梦蝶》的故事。故事讲述的是，庄子在梦中发现自己变成了蝴蝶，惬意自在地飞来飞去，梦醒之后恍然发现自己是庄子。于是他对此感到疑惑，不知是庄子梦中变成蝴蝶呢，还是蝴蝶在梦中变成庄子呢？这个故事说明了梦幻与现实并没有绝对的区别。

关于现实是不是事物本身的问题，英国哲学家约翰·洛克对知觉的描述或许可以为我们提供一些参考。他认为，物体作用于我们感官的性质有两种，分别是第一性的质与第二性的质。第一性的质指的是物体客观的性质，所有人对它的感知都是相同的，例如，它的大小、形状、数量、运动状态等。而第二性的质指的是随着我们对物体的主观感知而

环境界
乌克斯库尔的生物学概念。他认为所有生物都通过自己的感知来理解世界，每个生物都有各自建立起的主体性世界。

《庄子》
中国战国时期思想家庄子的著作。其中总结了道家理论和各种寓言故事。

发生变化的性质，例如，它的气味、颜色、味道、声音等。

进而我们可以说，人们见到的事物不是事物的本来样子，而是受到了主观感受影响的现实世界。

外部感觉有可能会出错

我们可能因为视觉幻象或者幻听，导致知觉处于一种不确定状态。笛卡儿在《方法序说》中为了找到确定的、不可怀疑的东西，采用了把一切不确定的东西都排除掉的方法（怀疑的方法）。

什么是内部感觉的误判？

好痛！

实际上并没有切到手
▼
内部感觉
＝
（痛苦、快感和恐惧等内部感觉）使人误认为"切到手"
▼
实际上并没有切到手，
却感到疼痛

 词语解释

视觉幻象

由于某种原因造成视觉产生的幻觉，也称为眼睛的错觉，分为几何错觉和颜色错觉等。许多错觉的原因尚未确定。

幻听

没有受到任何刺激，却听到了声音的状态。

在书中，笛卡儿对我们的知觉也进行了分析。他将知觉分为外部感觉和内部感觉两种。外部感觉通常指的是依赖于感觉器官产生的感觉，内部感觉指的是痛苦、快乐、恐怖、喜悦等内在感受。笛卡儿认为外部感觉依赖于人的五感，它很容易产生错误，内部感觉也是不确定的。

内部感觉对虚构事物也会有反应，所以是不确定的

为了解释为什么内部感觉是值得怀疑的，笛卡儿对梦进行了考察。人们做了噩梦惊醒时，身体会出现什么反应？人们大概会呼吸加速、心跳变快、大汗淋漓。梦是虚构的、不真实的，内部感觉对于这种不真实的事物也会有反应，因此笛卡儿认为这足以说明内部感觉是不可靠的。

人们经常受到内在感觉的迷惑和欺骗。如果外部感觉和内部感觉都是不可靠的，值得怀疑的话，那么连这个现实世界都将成为怀疑的对象。对怀疑追根究底，排除不确定的事物，一直排除下去，就可以达到笛卡儿的"我思故我在"的境地。

《方法序说》
笛卡儿的著作。在书中，为了使用怀疑的方法排除掉不确定的事物，找到确定的事物，笛卡儿对所有事物都进行了怀疑。

心灵与纯粹物质
有什么区别？

概　要

心灵是否物质的，
是将科学也牵涉其中的大问题

笛卡儿的心物二元论

心灵指的是情感、意志等寄居在身体中的东西，因为英文译作"heart"，所以使人感觉它存在于心脏（附近）。但是事实上，支配人的感情的身体部位是大脑，所以似乎也可以说心灵存在于大脑中。那么我们的心灵究竟是什么呢？哲学家们又是怎样理解心灵的呢？

古希腊哲学家亚里士多德认为人的心灵存在于心脏中，而<mark>希波克拉底</mark>（Hippocrates）从医学角度出发，主张心灵位于大脑中。笛卡儿提倡"<mark>心物二元论</mark>"，认为心灵和身体（物质）具有不同的性质，是不同的存在。

 词语解释

希波克拉底

公元前460—公元前370年，古希腊医生。他主张破除迷信和巫术，重视临床观察与临床经验，为科学医学奠定了基础。他还论述了医生的逻辑问题，被称为医学之父、医圣。

心物二元论

笛卡儿的理论。他认为心灵（精神）和身体（物质）是完全不同的。

什么是心物二元论？

心灵与身体是各自分开的

物体

身体

精神

它们是各自独立的！

笛卡儿

但是，它们之间互相影响。

=

身心问题

心灵与身体之间互相影响吗？

　　从一开始，就有人指出了笛卡儿的心物二元论存在着"**身心问题**"。例如，我们想要拿到眼前的东西，此时会发生什么？首先，我们的大脑从眼睛那里获取了这个东西的图像信息，然后，大脑会发出运动命令这一物理反应，于是胳膊和手开始做出相应的动作。如果心灵和身体是各自分开、互不相干的，那么到以上的物理活动为止，所有动作就结束了。

身心问题

关于人的心灵与身体是如何结合在一起，以及它们之间怎样互相影响的哲学命题。

但是，如果当大脑从图像信息中判断出要拿的东西是苹果时，心里也同时会产生吃的欲望。对于这一点，笛卡儿说，心灵与身体的合作是大脑的**松果体**在起作用，但是他并没有进一步解释它具体起到了什么作用。

心灵完全是大脑的活动吗？

与心物二元论相反，认为心灵也是一种物质的观点属于"**一元论**"。这种观点不认为心灵是非物质的，也不承认无形的心灵具有独立的作用，而且主张所有精神现象都可以还原为

什么是心物一元论？

心灵相信
这就是药

这就是药！

心灵与身体是
统一的

身体也恢复健康
（＝安慰剂效应）

病好了！

 词语解释

松果体
大脑中的小内分泌器官。笛卡儿认为人的心灵与身体通过大脑中的松果体相互作用，并将其称为"灵魂的居所"。

一元论
试图用一个基本原理来解释一切的哲学基本立场。其主张心灵和身体都是物质，大脑功能与心灵是统一的。

物质性活动或作用。

在现代，有人指出，笛卡儿的观点只说了心灵的部分特点。从近年来的脑科学研究成果看，认为心灵就是大脑的一元论观点占据优势。不过，肠道等内脏中也存在着和大脑相同的神经细胞，所以也有人认为心灵不仅仅只存在于大脑。

考察心物问题的心灵哲学

心物一元论中也有各种不同的主张，并无定论。"同一说"认为心灵与大脑的状态是相同的；"功能说"主要探究在某种特定心灵状态（行动、信念、欲求）下大脑的状态；"行动主义"主张所有的心理状态都可以通过行动来解释；"计算主义"认为人的心灵就像电脑，可以通过计算的方式来了解心理状态。也就是说，在现代，人们更多关注的是心灵与大脑的关系问题，而不是心灵与身体的问题。

复杂的心理作用和心理活动，通通都可以通过物理法则来说明，这种观点在大多数人看来很不可思议。尝试阐明心灵与大脑的问题以及心理作用问题等与心灵有关的学问被称为心灵哲学，这一领域在现代哲学界广受关注。不仅仅是哲学，人们还从心理学、脑科学、信息科学、语言学、动物行动学等其他

神经细胞
组成神经组织的细胞，主要包括神经元和神经胶质细胞。

心灵哲学
主要通过心灵与身体的关系，阐明心灵为何物的哲学领域。它于20世纪后半期发展起来，还探讨心灵与人工智能的关系，受到世人关注。

学科的视角，更广泛深入地研究、分析心灵问题，并形成了一种**认知科学**。随着研究的进展，心灵与大脑的问题在将来或许会有新的结论。

我感受到了某种特殊质感 ——感受质

"**感受质**"这一概念来源于心灵哲学，这是一个很令人头疼的问题。因为它在科学中尚未解决，还是一个难题。

什么是"感受质"？感受质指的是我们基于主观经验的特质或质感，是我们感受到的颜色、味道、声音、触觉和疼痛等"独特感觉"，例如，我们看到红色便产生"红色的感觉"，

什么是感受质

是啊!

A 和 B 两人看到的玫瑰的"红色"是一样的吗?

好美的玫瑰!

虽然二人的对话是顺畅的，但是我们并不知道他们是否有同样的感受质!

 词语解释

认知科学
通过阐明大脑和心灵活动的机制来加深对生物（尤其是人类）的理解的研究。它涵盖了广泛的领域，包括心理学、脑科学、信息科学、哲学和计算机等。

感受质
主观知觉现象。它是指无法传递给他人的、基于经验的独特质感。

吃到话梅干会产生酸的感觉，夏天阳光直射时产生的热的感觉，等等。

这种特殊的感觉是每个人特有的，不可能与他人相同。两个人即使吃同一道菜，味觉感受质也不相同。可以说，这种无法诉诸语言的质感，不是物质，而是心灵的一部分。在昏睡状态下，人没有意识，无法感知这种感受质，所以也可以认为，感受质与人的意识有关。

很难用科学来解释它

在包括脑科学在内的科学领域中，人们通常首先需要确定某种物质，然后再研究它的规律，通过这种方法来阐明这种物质。但是感受质并不是一种物质，无法把它提取出来，即使人们已经弄清楚了大脑内部的化学反应，也并不能说这就确定了感受性的机制。

哲学家大卫·查默斯（David Chalmers）提出了"**感受质的起源**"这一哲学和科学上的难题。直到现在，人们也没有完全弄明白，是否由物质性的大脑产生了非物质性的感受质。现在人们甚至在争论，用科学的方法分析感受质是否合适。

感受质的起源
澳大利亚哲学家大卫·查默斯
于1990年前后提出的一个哲学
难题。

是否存在"真理"和"确定的事物"？

概 要

[正因为不知道普遍真理和确定的事物是否存在，所以我们才要不断思考]

存在的东西是存在的，不存在的东西是不存在的

真理是真实的事物或者正确的道理。进一步来说，它是一种事物的思考方法，不受时间流逝、地点和空间变化所左右，并且适用于所有人。那么，在哲学领域中，人们如何理解所有人都深信不疑的"真理"呢？

从古希腊时期开始，哲学家就对真理进行了探讨。亚里士多德认为真理是永恒不变的东西，对真理展开逻辑的思考。逻辑的就是"对于存在的东西，我们认为它存在，对于不存在的东西，我们认为它不存在"，这就是真理。

 词语解释

道理

事物是非曲直的理由，也是人们理解事物的正确道路。在佛教中，贯穿十方三世的东西（适用于任何时间任何场合的普遍真理）。

逻辑的

一般来说指的是在阐发意见和见解时，有道理地进行思考。亚里士多德整合了逻辑学，使之更加系统化，并发展了带有个人特色的"亚里士多德逻辑学"。

亚里士多德建构了真理概念的基础

例如，A是实体存在，而B是虚构的，此时认为"A存在"就是"真"，认为"A不存在"就是"伪"；认为"B存在"就是"伪"，认为"B不存在"就是"真"。

这被称为"**真理符合论**"，是真理概念的基础。这一理论认为，存在与思考的真伪一致则为"真理"。也就是说，认为存在的东西是存在的，不存在的东西是不存在的，这就是真理，非常简单易懂。

关于"真理"的观点

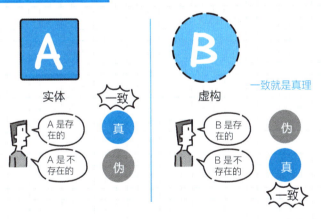

真理符合论

亚里士多德提出的，为了解决"什么是真理"问题的哲学立场。

171

语言哲学家的理论——真理是否存在于文脉中？

也就是说，按照真理符合论的观点，如果真理用语言来表达的话，就是"●●是○○"这样的句子。而像"人"这样的单词，或者"跑起来！"这样的命令句都无法言明真理。这种想法非常简单，但是令人吃惊的是，首次指出这一点的却是20世纪的语言哲学家<u>约翰·朗肖·奥斯丁</u>（John Langshaw Austin）。

他认为，要判断语言的真伪，需要通过<u>文脉</u>读懂该语言包含的意义，以及说话人的意图和目的，因此，文脉在很大程度上影响真理的成立，具有十分重要的意义。

例如，"意大利国土的形状像一只长靴"这句话，对于了解这一点的人来说是"真"，但是对于不了解这一点的人来说，就是"伪"了。

因此，要判断事物的真伪，我们首先要理解相应的知识和文脉。即使别人所说的"真理"对于自己不是"真的"，在判断之前，首先弄清楚别人和自己的文脉的差异也很重要。认真彻底把事情弄清楚了，或许就能发现与别人共享的真理。

 词语解释

约翰·朗肖·奥斯丁
1911—1960年，英国语言哲学家。他是日常语言学派的核心领导者，认为传统哲学问题都是因为哲学家歪曲了日常语言的意义而产生。

文脉
词句前后的关系。

"世界"是"虚构"的，"真理"是"幻想"

尼采依据**透视法**的观点，对普遍真理提出了质疑。他认为，世界是我们自身的各种认知器官制造出来的虚构事物，人们的思考中充满了各种执念和偏见。我们根据自己的好恶等主观情感扩大解释这种偏见，并且赋予它新的价值，这种态度被称为"透视主义"（远近法主义）。

透视主义指的是，人们认识世界的视角各有不同，所以被认识的事物也千差万别，因此不存在适用于所有人的普遍的东西。尼采认为，不仅仅是真理，就连道德和价值也都是人们的幻想，根据透视主义方法论，只存在个别的真理、道德和价值。

不存在共通的真理吗？

A — 在A看来的世界、真理和道德

世界 真理 道德

虚构

B — 在B看来的世界、真理和道德

A和B虽然各自持有固有的东西，但是他们二人无法持有同一个东西。

透视法

美术用语，也叫远近法。这种观点认为，绘画作品是由画家的视角创造出来的，同理，现实世界也是由观看者的视角构成的。

看一下我们周围的事例，的确如此。事物的看法因人而异，有多少人就有多少种看法。但是，如果按照尼采所说，真理是不确定的，那么世间就不存在"确定的事物"了吧。

人们无法确保能够获得真理

古希腊哲学家皮浪（Pyrrho）是怀疑主义的始祖。怀疑主义给我们的印象是，即使它认为某事物是确定的，却仍然对其抱有怀疑之心。不过皮浪的怀疑主义不是为了否定。与他同时代的哲学家们都在努力探求事物的真理和答案，而皮浪却认为"任何一种断定都有它的对立面"，人们有各种不同的想法和立场，我们应该尊重所有的这些观点和立场。

皮浪认为存在普遍真理，但是人们无法保证能够掌握绝对真理，而且无法判断真理的真伪，所以要停止去判断真理的真伪。不去判断，人们就可以获得心灵的安宁。即使我们要探求人生的理由和目的，去寻找一个确定的答案，也无法获得完美的回答。与其那样，既不肯定，也不否定，才是获得平静心灵的方法。

 词语解释

皮浪

约公元前360—约公元前270年，古希腊哲学家，怀疑主义始祖。

怀疑主义

西方哲学的思考方法。客观地怀疑已知的基本原理和认知，重新思考，排除没有根据的观点。

积累自明之理，找出确定的世界

从历史上看，《皮浪学说概要》被重新发现之后，他的思想通过近代怀疑论获得进一步发展。与皮浪的思想不同，笛卡儿采取了一种普遍怀疑的方法，有目的地怀疑一切，包括确定的事物。

对怀疑主义发出质疑的是摩尔（Moore）。在此之前的观点认为"内部感觉（自己的心）比外部感觉更可靠"，为了反驳这一观点，摩尔说出了一个事实，"我知道这是我的右手"，我们只需把手举起来就可以证明它的存在。他认为，只要把这种自明之理，也就是常识命题积累起来，就能够找到确定的世界。

只需这样就足以证明它存在？

以往有过各种不同的争论，但是摩尔认为"这就是右手""我把手举起来"这种确定的事实，是充分的存在证明。

这是我的右手！

举起手来！

存在证明充分！

《皮浪学说概要》

2—3世纪医学家、哲学家塞克斯都的著作。该书于16—18世纪在欧洲广泛传播，影响了蒙田、休谟的思想。

摩尔

1873—1958年，英国哲学家。他与罗素、维特根斯坦同为剑桥分析学派的代表人物。主要著作有《伦理学原理》。

"死亡"是什么?

概　要

不畏惧死亡,就可以
坦然面对自己的人生

死亡是什么? 对于"死亡"的渊源考察

　　面对身边人的死亡时,大概谁都会抱有这样的疑问:死亡是什么,我死亡之后会怎样? 死亡之后,是一切归于无,还是灵魂永存? 这是一个深奥的谜团。

　　不同的宗教、不同的文化、不同的个体对于灵魂的存在,都有着不同的理解。很多宗教都认为,人死亡之后,虽然肉体死了,但是思想却化为灵魂被保留下来。据说古埃及人相信灵魂不灭,死者可以再生。一直到今天,仍然有很多哲学家不断思考着死亡和死后的问题。

 词语解释

灵魂

灵魂是区别于肉体而存在,人死之后仍不会消失的精神实体。它独立于肉体,肉体灭亡后仍可以独立存在。

轮回

死后数次转世为生灵(转世)。在印度思想中,无数次的生死轮回是"苦难",人的理想目标是从轮回中获得解脱。

解脱能够使人逃离死亡的痛苦

从公元前开始，古印度人就持有万物轮回转世的观点，他们认为人在死亡之后，会转世再生。但这种**轮回**的世界是充满苦难的世界，人们要摆脱（解脱）轮回转世之苦。

佛教进一步发展了这种轮回思想。佛教始祖佛陀认为，人们都在执着地追逐一些东西，又被一些东西所束缚，人的苦难都来源于这种执着之心。人们要放下执着，求得**解脱**，这样才可以逃离死亡（轮回）之苦，得到救赎。

解脱的体系

灵魂安宁

丢掉对于现世的执着和烦恼，就能够得到解脱

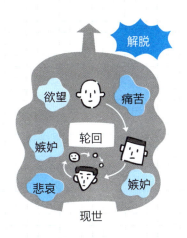

解脱

欲望　痛苦　轮回　嫉妒　悲哀　嫉妒

现世

佛教
印度人乔答摩·悉达多（佛陀）所创立的宗教。佛陀35岁开悟，从事传教活动，80岁涅槃，信徒众多。

解脱
从俗世的苦恼、迷妄的束缚中解脱出来，获得自由。一种得到解放、开悟、自由、释然的状态。

死亡不是不幸——苏格拉底

　　几乎与佛陀同时代的古希腊哲学家苏格拉底对死亡做出了这样的定义：死亡是"无梦的安眠"，灵魂去了别的世界。他认为死亡不是不幸，也不需要恐惧。

　　他秉持**不可知论**的观点，认为死后的事情无法知晓。后来，苏格拉底被以"信奉异教神明，引诱年轻人堕落"的罪名处以死刑。直到临死之前，他仍然坚持说："对于死亡，我一无所知"，"不知晓死亡却恐惧死亡如同不是圣人却装作圣人一样"。畏惧一无所知的东西是没有意义的，苏格拉底在死亡面前表现出了一贯的"**无知之知**"的态度。

无须畏惧死亡——伊壁鸠鲁

　　进一步发展了苏格拉底的思想，并且以快乐主义享有盛名的是古希腊哲学家伊壁鸠鲁。伊壁鸠鲁认为"死亡对于我们什么都不是"，也就是说"我们无须畏惧死亡"。他认为，善和恶都存在于人的感觉中，死亡就是这种感觉被剥夺了。死亡使人

 词语解释

不可知论
哲学立场之一，主张人类无法认识事物的本质，无法处理超经验的问题。

无知之知
苏格拉底的观点。自我认识到自己的知识是不完全的（无知），这样的人胜过那些自以为有知识的人。

们丧失感觉，所以甚至感受不到恐惧，所以人们无须畏惧死亡。

　　这一主张来源于他的自然思想，即以幸福为人生目的，追求"平静的心灵"。

理性不死——亚里士多德

　　对于死亡的畏惧，亚里士多德给出了不同的观点。他认为，"生存不是为了完成什么目的"。生不是因为有了死亡这一目的才得以完成，生存本身就已经是完成的了。

　　亚里士多德是"自然科学之祖"，他主张"事物的本质内在于它自身"，从而否定灵魂不死的观点。他认为，灵魂这一形式无法脱离肉体这一质料而存在，肉体消失灵魂也将覆灭。而理性作为灵魂的一部分，是人类不同于其他生物所独有的本质特征，理性不死。肉体即使死亡，理性之魂也会永生。

所有事物都是神的一部分——斯宾诺莎

　　"自由的人绝少想到死，他的智慧不是死的默念，而是生的沉思"，近代哲学家斯宾诺莎在其著作《伦理学》中说出了

自然思想
以遵从自然为善的思想。伊壁鸠鲁将欲望分为3类：自然和必要的欲望、自然和非必要的欲望、既非自然也非必需的欲望。其中，自然的欲望是非恶的。

形式、质料
形式赋予某物以性质，质料是其素材，二者关系密切，不可分割。

这句名言。

斯宾诺莎也认为人们的身体死亡之后，主观世界也随之消失。他还认为神存在于万物，一切皆存在于神明掌握中。这种"**实体一元论**"不同于各种事物独立存在这一思想，它提供了另一种视角，使人们意识到事物与永恒之神灵（天理）之间的联系。如果人们能够深刻理解到人类的死亡是一种存在，它与永恒天理联系在一起，那么死亡也就不值一提了。

正因为人类有丰富的感情，所以不能否定对于死亡的恐惧——叔本华

德国哲学家叔本华以《作为意志和表象的世界》一书而广为人知，他也是最早通过系统性、综合性视角研究死亡问题的哲学家。叔本华的思想深受佛教和印度哲学的影响，尤其表现在"这个世界是充满苦难的"观点中。

他在《附录与补遗》中，提出了动物与人类的区别在于是否能够"根据记忆和预测积蓄感情"。动物只能感受到眼前的恐惧和快乐，所以无法像人类那样感到过度不安，也不会对未

 词语解释

《伦理学》

斯宾诺莎的晚年著作，直译为《伦理学》。内容繁杂，广泛涉及精神、感情、知性等各方面，是斯宾诺莎思想的集大成。

实体一元论

这一理论认为，存在着的所有事物都来源于唯一的实体。斯宾诺莎主张，这个世界的所有事物都是神的作用或者显现。

来的"死亡"感到恐惧,它们能够保持心灵的平静。而人类能够想象不在场的事物,累积各种感情,这一点与其他生物迥然不同。但是,正因为有对死亡的恐惧,人们的喜悦和希望才如此之强烈。对于人生,叔本华持悲观态度,他留下了大量悲观的话语,例如,"我们背负着各种债务生活在世上,必须不断劳作""最后是等待死亡的来临",等等。但是,正如没有黑暗就没有光明一样,正因为有了对死亡的恐惧,我们才可能获得珍贵的感情。

向死而生——海德格尔

海德格尔主张向死而生。他批判逃避对死亡的畏惧,认为那样的人处于一种非本真的生存中,并把那些人称为"**众人**"(Das Man)。他说"人在逃避死亡的过程中,无法留意到自己的存在",人们应该在生存中直面自己的死亡。海德格尔的后期思想带有厌世色彩,认为"死亡"只和自己相关,通过向死而生可以发现本来的自我。

《作为意志和表象的世界》

于1819年出版的、哲学家叔本华的主要作品。它对尼采、瓦格纳等思想家、艺术家都产生了巨大影响。

众人

海德格尔哲学的概念。这是一种否定性说法,指的是不像本真的人那样生活的人。

第30天

"神"是否存在?

概　要

存在着不同定义下的"神"，
有时他存在于我们自身

神是否存在于我们的世界?

　　神是存在的吗?"神是什么"这个定义一直是一个很难回答的问题，在不同国度、不同文化、不同个人身上有着不同的答案。一神教强调神的唯一性，多神教认为神是多元的，而泛神论则强调神的普遍性。

　　认为神是超越人类的神圣存在，并把神当作信仰对象，这就是宗教。然而，是否相信神的存在，最终还是个人问题。那么，我们能否从客观上来证明"神是存在的"呢? 自古以来，很多哲学家都对此进行过尝试。

 词语解释

一神教

认为只有唯一的神存在，并把它当作信仰对象的宗教。伊斯兰教、基督教、犹太教是一神教的典型。

多神教

同时信仰多个神的宗教，与一神教相对。古希腊、古罗马的宗教、神道、印度教等都是多神教。

第一因就是神——"宇宙论证明"

遵从**因果律**追根溯源,发现存在着根本的东西,其最根本的原因就是神,这是"宇宙论证明"。因为所有的事物都有原因和结果,遵循因果关系,最终追溯到"这个世界诞生的原因",这就是最为初始的"原因"。按照这一思维,使世界诞生的就是神,神是存在的。古希腊时期的亚里士多德、中世纪的托马斯·阿奎那、近代的斯宾诺莎等哲学家都对神的存在进行了宇宙论证明。

"本体论证明"与"目的论证明"

最大限度拥有"存在"这一肯定属性的事物就是神。这种观点是"本体论(存在论)证明"。不同的人证明方法不同,但是大致内容是相同的,即神是完全性存在,所以具备"全知""全能"的肯定属性。"存在"也是肯定的属性,所以它包含在神的属性中。由此可知,神是存在的。被称为"中世纪经院哲学之父"的安瑟伦,近代的笛卡儿、斯宾诺莎等都秉持这种观点。

泛神论

哲学的、宗教的思想体系之一,认为一切存在都是神,神与宇宙、神与自然是一体的宗教观、哲学观。

因果律

原因和结果之间有一定关系存在的原理。所有事情都是某种原因导致的结果,没有原因不会发生任何事情。

世界之所以精巧复杂，是因为它是神的杰作，秉持这种观点的是"目的论证明"。这种观点认为，世界是由极其规则精巧的物理法则和因果关系构成。如此复杂的世界，超出了人类的思考能力和技术水平，很难认为它是自然发生的。因此，世界是由超越人类认知的存在所创造的，这一存在只能是神。托马斯·阿奎那、莱布尼茨等人也尝试使用这一理论进行证明。

上帝已死——否定神的尼采

哲学家尼采在《查拉图斯特拉如是说》中，说出了"上帝

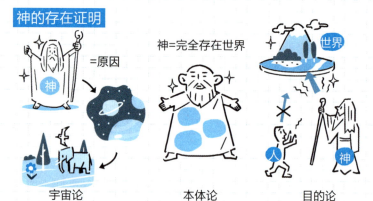

神的存在证明

宇宙论
这个宇宙中的所有事物都因为原因（神）而存在

本体论
因为神是完全的存在，所以他也有"存在"的概念

目的论
这个世界如此复杂精巧，只有神才能创作出来

 词语解释

《查拉图斯特拉如是说》
尼采的代表性作品，于1883—1885年分4部发表。书中否定了基督教道德观，寻求西方价值观转向。

上帝已死
这句话宣告了西方文明自起始以来，一直支撑着哲学、道德和科学的思想之死。

已死"的名言，并认为"基督教的信仰，已经不值得被信任"。在此之前人们由对基督教的信仰构建起来的世界观，被尼采悉数否定。在他看来，依据上帝建立起来的价值观是没有意义的，这是一种**虚无主义**思想。这种观点认为，一直以来，人们的行为规范都受到基督教信仰的约束，对他们来说，需要有一种新的价值观。

"自己相信的事物"是否存在，这一点比宗教的、绝对的神更加重要。人类是弱小的，每每在做出决策时，容易依赖那些超越性存在。但是，如果因此能把取代神的价值观，转化成奋进的力量，变成达成目的的干劲儿、遇到困难不退缩的坚韧等生存欲望，那么认为神存在于个体内部也未尝不可。

取代神的价值观

自我

本质

个性

目的

▶ 使自己变得更坚韧不拔

虚无主义

否定真理、价值和超越性存在的思想立场，认为包括自身存在在内的所有事物都是无价值的。

reference book 参考文献

『あなたは哲学を「目撃」する! ビジュアルではじめてわかる哲学』
スティーブン・ロー(著)、吉原雅子(監訳)、
脇嵩晴、山本麻衣子、寺田篤史、富永和子(訳)／東京書籍／ 2014 年

『 面白いほどよくわかる! 哲学の本』秦野勝(著)／西東社／ 2012 年

『 カラー図解 哲学事典』Peter Kunzman、Franz-Peter Burkard、Fanz Wiedmann(著)、
忽那敬三（ 訳)／共立出版／ 2010 年

『 教養として学んでおきたい哲学』岡本裕一朗(著)／マイナビ出版／ 2019 年

『 現代人の悩みをすっきり解消する哲学図鑑 恋愛やビジネスから
人生観まで役立つ 』大城信哉(著)、小川仁志(監修)／誠文堂新光社／ 2013 年

『 心が軽くなる哲学の教室 』小川仁志(著)／中経出版／ 2011 年

『 答えのない世界に立ち向かう哲学講座 AI・バイオサイエンス・資本主義の未来 』
岡本裕一郎(著)／早川書房／ 2018 年

『 自殺について 』ショウペンハウエル(著)、河井眞樹子(訳)／PHP 研究所／ 2009 年

『 人生が変わる哲学の教室 』小川仁志(著)／KADOKAWA ／中経出版／ 2014 年

『 人生をやり直すための哲学 』小川仁志(著)／PHP 研究所／ 2011 年

『 図解 いちばんやさしい哲学の本 』沢辺有司(著)／彩図社／ 2018 年

『 図解 使える哲学 』小川仁志(著)／KADOKAWA ／中経出版／ 2014 年

『 図説 一冊で学び直せる哲学の本 』小川仁志(監修)／学研プラス／ 2019 年

『 すっきりわかる! 超訳「哲学用語」事典 』小川仁志(著)／PHP 研究所／ 2011 年

『 ゼロからはじめる! 哲学史見るだけノート 』小川仁志(監修)／宝島社／ 2018 年

『 双書 哲学塾 「 死 」を哲学する 』中島義道(著)／岩波書店／ 2007 年

『 超図解「 21 世紀の哲学 」がわかる本 』中野明(著)／学研プラス／ 2007 年

『 哲学カフェ! 17 のテーマで人間と社会を考える 』小川仁志(著)／祥伝社／ 2011 年

『 哲学大図鑑 』ウィル・バッキンガムほか(著)、小須田健(訳)／三省堂／ 2012 年

『 哲学の解剖図鑑 』小須田健(著)／エクスナレッジ／ 2019 年

『 哲学用語図鑑 』田中正人(著)、斎藤哲也(編集・監修)／プレジデント社／ 2015 年

『 眠れぬ夜のための哲学 』小川仁志(著)／PHP 研究所／ 2013 年

『 はざまの哲学 』野家啓一(著)／青土社／ 2018 年

『 マンガで実用 使える哲学 暮らしに役立つ基礎知識 』
平原卓(監修)／朝日新聞出版／ 2019 年

『 問題解決のための哲学思考レッスン25 』小川仁志(著)／祥伝社／ 2014 年